재발 방지 상담 워크북

다사랑 병원 옮김

圖書出版 하나醫學社

RELAPSE PREVENTION COUNSELING WORKBOOK

by Terence T. Gorski

역자 서문

실패는 성공의 어머니라는 말이 있지만, 실패한 상황에서는 어떤 위로도 쉽게 받아들이기가 어려운 것 같다. 최선을 다했고, 모든 방법을 다했는데도 실패했을 때는 차라리 시도조차도 하지 말았어야 했는데 라는 생각이 들기도 한다. 여러 번 실패의 경험이 쌓이면서 자존감의 상실은 이루 말 할 수 없이 커지고 나중에는 패배의식이 깔려서 성공하는 내 모습이 이상할 정도가 된다. 성공할 것이라는 희망이 사라지게 된다.

다사랑 병원에는 해독, 신체적인 회복, 알코올 병에 대한 인식을 목표로 약 3주간의 폐쇄병동에서의 치료 후에, 개방병동으로 이동하여 9주간의 체계적인 프로그램을 이수하고, 9주 수료증을 받게 된다. 처음에는 환자들에게 9주 교육을 받으면 알코올 중독으로부터 회복된다고 강조를 했었다. 그런데 9주 교육을 마치고 얼마 안 된 환자들이 연이어 재발했을 때, 역자는 엄청난 좌절감을 느꼈다. 특히 더 이상 해줄 수 있는 것이 없을 것 같은 느낌이 들 때의 그 막막함은 겪어보지 않은 사람은 모를 것이다.

경험이 쌓이면서 재발은 했지만 이전 치료를 통해서 변화된 환자의 여러 부분들을 볼 수 있었다. 알코올 중독은 하루아침에 생긴 병이 아니고, 수십 년 간에 서서히 진행되어 온 것임을 감안할 때 회복되는데 그 만큼의 시간이 걸리며, 환자 그리고 가족 등 주위 모든 사람을 소진되게 만드는 가족병이다. 또한 치료자를 지치게 할 만큼 어려운 질환이며, 치료 회복을 위해 모두가 인내를 필요로 하는 병인 것 같다. 때마침 재발한 환자들에게 구체적인 재발방지 전략이 없던 차에 재발방지 워크북은 가뭄에 단비처럼 느껴졌다.

이 책은 재발한 환자들을 돕기 위한 책이지만 회복중인 모든 환자들에게도 도움이 될 것 같다. 단주/단약 서약을 하는 것부터 시작해서 재발을 했을 때, 재발을 중단하고 치료 환경으로 오게 하는 구체적인 방법들을 제시한다.

이 책의 저자는 알코올은 회복될 수 있다고 말한다. 재발 시에 고 위험 상황을 인식하고 적절하게 대처했을 때 재발로 가는 길을 막을 수 있는 여러 방법들을 제시하고 있다.

과거의 고 위험 상황을 구체적으로 점검해서 새로운 대안을 만들고 미래의 고 위험 상황에서 새롭게 대처할 수 있는 구체적인 방법들을 제시하며, 환자 스스로 능동적으로 찾도록 되어 있다. 아침 점검목록과 저녁 점검 목록이 있어서 매일 일상생활을 점검할 수 있다. 아무쪼록 이 번역서가 재발한 환자들과 재발을 다루는 치료자들에게 유용하게 쓰였으면 한다.

끝으로 이 책의 번역의 원동력이 되게 해준 환자분들에게 감사의 마음과 용기를 전하고 싶고, 많은 시간 토론하며 끝까지 서로 힘이 되어준 공동번역자 및 도움을 준 병원 식구들, 그리고 하나의학사 오무근 사장님께 감사하며 기쁨을 함께 나누고 싶다.

2006년 4월

역자대표 올림

목 차

이 워크북의 목표들

이 워크북은 화학물질 의존이나 다른 자기-패배적인 행동을 하는데서 회복되기를 원하는 사람들을 위해 만들어졌습니다. 이 워크북은 과거에 재발 경험이 있는 사람들을 돕기 위한 특별한 것이지만 회복중인 모든 사람들은 고-위험 상황을 인식하고 효과적으로 다루는 그들의 기술을 향상시킴으로써 도움을 받고자 할 것입니다.

고-위험 상황을 다루는 방법을 배운다는 것은 단지 이 워크북을 읽고 연습을 수행하는 것 이상의 것을 요구할 것입니다. 여러분은 각각의 연습에서 여러분이 했던 반응들에 대해 다른 사람과 토론할 필요가 있을 것이고, 그것을 통해 혼란스러운 사고들과 감정들을 여러분이 정리하는 데 도움이 될 것입니다. 여러분과 토론할 사람들 중 한 사람은 재발방지를 위한 CENAPS 모델로 훈련받은 치료자나 상담사이기를 우리는 강력히 추천합니다. 여러분은 CENAPS 주식회사에 전화를 하거나 우편으로 요청해서 자격을 갖춘 재발방지 전문가들의 명단을 얻을 수 있을 것입니다.

만약 여러분이 어떤 부분에 대해서든 문의사항이 있으면 우리의 웹사이트 www.cenaps.com에 접속해서 치료 게시판에 질문을 올릴 수 있습니다. 자격을 갖춘 우리의 재발방지 전문가들이 항상 게시판을 점검하고 질문에 답해줄 것입니다. 여러분의 경험과 통찰을 다른 사람들과 함께 나눌 수 있습니다.

만약 여러분을 담당하는 치료자가 없다면, 이러한 과정을 지지해줄 능력이 있고, 기꺼이 할 마음이 있는 자조 집단 후원자의 도움으로 이러한 경험을 할 수 있습니다. 개인치료만으로 부족한 점을 동일한 시간에 각각의 구성원들이 그러한 경험들을 훈습할 수 있는 집단 치료 회기로 보충하는 것은 좋은 아이디어입니다. 각각의 연습에서 여러분이 배운 것을 다른 사람이나 집단의 구성원들과 토론함으로써 재발을 방지하는 방향으로 여러분의 능력을 향상시킬 것입니다.

이 워크북에서 여러분을 안내할 연습들은 다음의 것들입니다 :

연습 1 : 단주/단약에 대해 서약하기

이 연습을 통해서 여러분이 회복 프로그램에 올 수 밖에 없었던 드러나는 문제 목록을 작성하고, 이러한 문제들과 알코올이나 약물사용과의 관계를 확인하고, 만약 여러분이 계속해서 알코올이나 다른 약물을 사용한다면 각각의 문제들이 어떻게 될까에 대해 판단해 보고, 알코올 및 약물의 사용을 멈추겠다는 의식적인 서약을 하고, 여러분 스스로가 회복과 재발방지를 실천하겠다고 서약하는 단주 및 회복 계약서에 서명을 하는 과정을 밟게 될 것입니다.

연습 2 : 만약 재발이 일어난다면 신속하게 재발 중단을 계획하기

이 연습을 통해서 여러분은 재발이 일어났을 때 신속하게 재발을 멈추는 데 도움이 되는 세 가지 기본적인 질문에 대한 해답을 얻을 것입니다. 세 가지 질문은 다음과 같습니다: (1) 회복중인 사람으로서 만약 여러분이 알코올이나 다른 약물을 사용하기 시작했고 바닥을 치기 전에 알코올이나 약물사용을 멈추기로 결심했다면 다시 회복의 길로 접어들기 위해 여러분은 무엇을 하겠습니까? (2) 만약 여러분이 재발했고 치료 회기에 참석하지 않거나 치료 서약을 따르지 못한다면 여러분의 치료자나 상담사는 어떻게 하기로 되어 있나요? (3) 만약 여러분이 재발했을 때 여러분의 회복을 지지해 줄 중요한 사람은 어떻게 하도록 되어 있습니까? 이러한 질문들에 구체적으로 답함으로써 여러분은 심각한 문제들이 발생하기 전에 재발을 멈추는 효과적인 계획을 세울 수 있을 것입니다.

연습 3 : 고-위험 상황을 확인하기

이 연습을 통해서 여러분은 고-위험 상황이 어떤 것인지를 배울 것이고, 재발을 야기 시킬 수 있는 흔한 고-위험 상황 목록을 검토할 것이고, 여러분이 알코올이나 약물사용을 하지 않겠다고 서약했음에도 불구하고 알코올이나 약물을 사용하도록 유도할 수 있는 즉각적인 고-위험 상황을 확인하고 명료화하게 될 것입니다.

연습 4 : 고-위험 상황을 그려보고 관리하기

이 연습을 통해서 여러분은 상황 지도가 무엇인지, 그리고 서로 다른 세 가지의 고-위험 상황에서 상황 지도를 어떻게 발전시킬 것인지에 대해 배울 것입니다: (1) 결국 알코올이나 약물을 사용하는 것으로 끝이 났던 과거의 고-위험 상황 (2) 알코올이나 약물을 사용하지 않고 지나갔던 과거의 고-위험 상황 (3) 가까운 미래에 여러분이 직면하게 될 것 같은 고-위험 상황. 여러분이 배울 것 중에서 가장 중요한 것은 여러분 스스로가 알코올이나 약물을 사용하는 것을 방지하기 위해 여러분이 할 수 있는 다양한 일들을 고-위험 상황의 초반부, 중반부, 후반부에서 특별한 포인트를 잡아 확인해 내는 것입니다. 여러분은 또한 어떤 고-위험 상황에 대해서는 그것을 다룰 필요 없이 그것을 피하는 책임있는 방법들을 탐색해야 할 것입니다.

연습 5 : 고-위험 상황에 대한 개인적 반응을 관리하기

이 연습을 통해서 여러분은 알코올이나 다른 약물을 사용하도록 내몰고 있는 비합리적인 사고들, 감당할 수 없는 감정들, 자기-파괴적인 충동들, 자기-패배적인 행동들을 확인하는 방법을 배울 것입니다. 여러분은 또한 고-위험 상황을 관리하는 것을 돕는 새로운 사고 습관, 감정 및 충동 관리, 행동에 대한 자기조절, 그리고 다른 사람들과 관계를 맺는 방법을 배울 것입니다.

연습 6 : 회복 계획을 세우기

이 연습을 통해서 여러분은 고-위험 상황에 노출되는 것을 최소화하고, 당면하는 고-위험 상황을 효과적으로 다루는 데 도움이 되는 습관적 생활 스타일을 어떻게 만들어 가는지에 대해 배울 것입니다. 이러한 생활 스타일은 가장 효과적인 회복 활동들을 배우고, 회복 활동을 위한 개인적 시간표를 만들고, 일일 계획을 사용함으로써 형성됩니다. 회복 활동에 대한 일일 계획과 주간 계획은 고-위험 상황에 대한 확인과 효과적인 관리에 도움이 됩니다. 여러분은 이렇게 시간표로 짜여진 활동들 각각에 대해 여러분이 사용할 새로운 사고방식, 감정이나 충동 관리, 행동, 그리고 다른 사람들과 관계를 맺는 방식에 대해 행동적인 지침을 세울 것입니다.

연습 7 : 고-위험 상황을 관리하는 기술을 평가하기

이 연습을 통해서 여러분은 여섯 가지 기본적인 고-위험 관리 기술을 사용하는 여러분의 능력에 대해 자기-평가를 할 것입니다. 여러분은 다음의 영역들을 평가하도록 요청받을 것입니다: (1) 단주/단약에 대한 현재 서약의 강도 (2) 재발이 일어났을 때 신속하게 그것을 중단하는 계획의 효과성 (3) 고-위험 상황을 확인해 내는 여러분의 능력 (4) 고-위험 상황을 그려보고 관리하는 능력 (5) 여러분의 사고들, 감정들, 충동들, 행동들, 그리고 사회적 반응들을 효과적으로 관리함으로써 고-위험 상황에 대한 개인적 반응을 변화시키는 능력 (6) 고-위험 상황을 관리하는 새롭고 더 효과적인 방법에 도움에 되는 회복 활동 계획을 세우고 유지하는 능력.

고-위험 상황을 확인하고 관리하는 방법을 배우는 것은 쉬운 일이 아닙니다. 자기-검사, 자기 변화를 위한 도구로서, 이 워크북에서 제시하는 각각의 연습들을 사용하는 데는 상당한 노력이 요구되며, 기꺼이 응할 의지가 필요합니다. 여러분은 또한 회복 활동 계획을 세워야 하고, 회복 및 재발방지 과정 중에 다른 사람들과 적극적으로 관계를 맺을 필요가 있습니다. 여러분은 회복될 수 있습니다. 고-위험 상황을 관리하는 법을 배우는 것이 큰 도움이 될 것입니다.

연습 1. 단주/단약에 대해 서약하기

이 연습에서 우리는 특정 기간 동안 술이나 다른 약물을 사용하지 않겠다고 정직하게 약속해 줄 것을 여러분에게 요청하려고 합니다. 우리는 여러분에게 정직한 서약을 요청하고 있기 때문에 여러분이 약물을 중단하는 것이 여러분의 가장 중요한 관심이 되어야 함을 이해하기를 바랍니다.

여러분이 단주/단약에 대해 서약하는 것을 원하는지 결심하는 것을 돕기 위해서, 여러분에게 4가지 부분의 연습을 수행하도록 요청할 것입니다.

첫째, 연습 1-1에서 우리는 여러분을 치료에 들어오도록 동기화시킨 문제목록을 작성하도록 요청할 것입니다.

그 다음, 연습 1-2, 1-3에서 두 가지 가장 중요한 문제를 선정해서 알코올이나 약물사용과 관련성을 명확히 하도록 요청할 것입니다. 우리는 또한 여러분이 계속해서 알코올이나 약물을 사용한다면 이러한 각각의 문제에서 발생할 수 있는 가장 좋은, 가장 나쁜, 그리고 가장 가능성이 있는 일에 대해서 생각해보도록 요청할 것입니다.

그 다음, 연습 1-4에서 우리는 특별한 기간 동안 알코올과 약물을 중단하겠다고 정직하게 서약할 것을 여러분에게 요청할 것입니다. 우리는 또한 이런 결정을 뒷받침해줄 감시와 이에 대한 책임 체계를 설정하도록 여러분에게 요청할 것입니다. 이것은 종종 불시에 알코올이나 다른 약물 섭취에 대한 검사를 요구하는 것을 포함할 것입니다.

마지막으로 연습 1-5에서 우리는 여러분이 회복과 재발방지를 위하여 여러분 자신에게 한 서약을 써넣을 수 있는 작성된 단주/단약 및 치료계약에 서명할 것을 여러분에게 요청할 것입니다. 이 동의는 여러분이 하기로 서약한 것을 정확하게 명료화시켜줄 것입니다. 우리는 여러분에게 이 서류를 주의 깊게 검토하고 신중하게 서약해줄 것을 요청합니다. 여러분이 이 동의서에 서명할 때, 여러분은 거기에 여러분의 혼신을 불어넣고 있는 것입니다.

다음 쪽으로 가서 [연습 1-1]을 완성하십시오.

연습 1-1 : 여러분을 치료받게 만든 문제 목록

1. 이 시기에 여러분을 치료받게 만든 세 가지 가장 중요한 문제를 작성하십시오. 가장 중요한 문제 앞에 체크를 하십시오.

   □ (1) ______________________________

   ____

   □ (2) ______________________________

   ____

   □ (3) ______________________________

   ____

2. 해결되지 않은 문제 중에 만약 만족스럽게 해결을 보았다면, 여러분의 삶을 현저히 개선시켰을 만한 세 가지 문제를 작성하십시오. 그리고 가장 중요한 문제 앞에 체크하십시오.

   □ (1) ______________________________

   ____

   □ (2) ______________________________

   ____

   □ (3) ______________________________

   ____

아래 질문에 답할 때, 주제(문제를 설명하는 짧은 단어나 구절)와 설명(문제가 무엇인지를 분명히 설명하는 한 두 개의 완전한 문장) 두 가지를 쓰십시오.

3. 여러분을 치료 받게 끔 만든 가장 중요한 문제를 쓰십시오.(위의 문제 1에서의 여러분의 답변을 참조하십시오.)

주제 : ______________________________

설명 : ______________________________

4. 만약 여러분이 스스로를 만족시킬 수 있도록 잘 해결할 수 있었더라면, 현저히 여러분의 삶이 개선되었을 만한 가장 중요한 일을 쓰십시오.

주제 : ______________________________

설명 : ______________________________

____

____

연습 1-2 : 문제 분석 작업지 1

1. 이전 연습 1-1의 3번 질문에서 확인한 문제의 주제를 쓰십시오.(문제목록)

____

2. 문제가 알코올이나 약물사용과 어떻게 관련되는지 기술하십시오.

____

____

____

____

____

3. 만약 여러분이 알코올이나 약물을 계속해서 사용한다면....

A. 이런 문제의 결과로서 여러분에게 발생할 수 있는 가장 좋은 일은 무엇인가요?

____

____

____

____

____

B. 이런 문제의 결과로서 여러분에게 발생할 수 있는 가장 나쁜 일은 무엇인가요?

____

____

C. 이런 문제의 결과로서 여러분에게 발생할 가능성이 가장 높은 일은 무엇인가요?

연습 1-3 : 문제 분석 작업지 2

1. 이전 연습 1-1 4번 질문에서 여러분이 확인한 문제의 주제를 쓰십시오.(문제 목록)

2. 문제가 알코올이나 약물사용과 어떻게 관련되는지 기술하십시오.

3. 만약 여러분이 알코올이나 약물을 계속해서 사용한다면....

   A. 이런 문제의 결과로서 여러분에게 발생할 수 있는 가장 좋은 일은 무엇인가요?

   B. 이런 문제의 결과로서 여러분에게 발생할 수 있는 가장 나쁜 일은 무엇인가요?

C. 이런 문제의 결과로서 여러분에게 발생할 가능성이 가장 높은 일은 무엇인가요?

____

____

____

____

____

연습 1-4 : 무엇을 할지 결정하기

1. 연습 1-1, 1-2, 1-3에 대한 여러분의 반응을 검토한 후에 적어도 여러분의 치료기간 동안 알코올이나 다른 약물을 사용하지 않겠다는 서약을 기꺼이 할 수 있겠습니까?

   □ 예　□ 아니요　□ 불확실　여러분의 답변에 대해 설명해 주십시오.

   ____

   ____

   ____

2. 여러분이 단주/단약에 대해 서약했음에도 불구하고 알코올이나 다른 약물을 사용하게 만들 수 있는 세 가지 가장 중요한 문제나 상황은 무엇입니까?(우리는 이러한 문제나 상황을 고-위험 상황 이라고 부릅니다.)

   고-위험 상황 1 : ______________________________

   ____

   ____

   ____

   • 여러분이 이러한 상황을 알코올이나 다른 약물사용 없이 다룰 수 있는 자신감이 얼마나 됩니까?(10 = 매우 자신 있음; 0 = 전혀 자신 없음) ____

   고-위험 상황 2 : ______________________________

   ____

   ____

   ____

• 여러분이 이러한 상황을 알코올이나 다른 약물사용 없이 다룰 수 있는 자신감이 얼마나 됩니까?(10 = 매우 자신 있음; 0 = 전혀 자신 없음) ____

3. 여러분은 특별한 치료과정을 마침으로써 이러한 고-위험 상황을 어떻게 다루는지 배우겠다는 서약을 기꺼이 하실 수 있겠습니까?

☐ 예 ☐ 아니요 ☐ 불확실 여러분의 답변을 설명하십시오. :

____

____

____

____

____

____

다음 쪽으로 가서 [연습 1-5]를 완성하십시오.

연습 1-5 : 단주/단약 및 치료계약

Trence T. Gorski와 Tim Dworniczek 그리고 Arthur B. Trundy에 의해 개발되었고 2000년 5월에 개정됨.

나__________는 치료에 대한 다음의 방법과 조건에 대해서 동의합니다.

1. 단주(단약) : 나는______로부터 서비스를 받고 있는 동안 알코올이나 기분을 변화시키는 약물을 사용하는 것으로부터 단주/단약 하는데 동의합니다. "약물"이라는 용어는 여기서 나의 상담사에게 동의를 얻거나 보고하지 않고 사용되는 처방되거나 처방되지 않은 기분을 변화시키는 모든 화학물질(합법적이든 불법적이든)을 포함합니다.

2. 고-위험 상황 : 나는 내가 알코올이나 약물을 사용하지 않겠음을 서약했음에도 불구하고 치료기간 동안 나에게 알코올이나 약물을 시작하게끔 할 수 있는 어떤 문제나 상황에 대해서 나의 상담사에게 즉각적으로 말할 것을 동의합니다.

3. 사용에 대한 갈망과 충동 : 나는 기분을 변화시키는 약물사용에 대한 어떠한 갈망이나 충동에 대해서도 즉각적으로 나의 상담사와 논의할 것을 동의합니다.

4. 치료를 중단하고 싶은 욕구 : 나는 치료 모임에 나오는 것을 중단하고 싶거나 다른 자조 집단 같은 회복 활동에 참석하는 것을 중단하고 싶은 어떠한 생각이나 감정도 즉각적으로 논의할 것에 동의합니다.

5. 재발의 자기보고 : 나는 만약 내가 알코올이나 약물을 사용하기 시작 한다면 즉각적으로 나의 치료자에게 보고할 것에 동의합니다. 나의 상담사에게 나의 재발이 보고 된 후에는 다음과 같이 조치될 것입니다. (1) 나의 현재의 치료계획이 즉각적으로 중지되게 됩니다. (2) 재발을 막기 위해서 어떤 치료가 필요한지 결정하기 위한 새로운 평가가 이루어집니다. (3) 치료 권고가 주어집니다.(해독치료, 거주치료 또는 더 강도 높고 넓은 범위의 외래 프로그램에 참가하도록 의뢰) (4) 만약 내가 권고를 거절한다면 나는 치료는 종결될 것입니다.

6. 사용이 발각됨 : 나는 내가 재발했음을 상담사에게 보고하기 전에 알코올이나 약물을 사용하다가 발각된다면, 즉각적으로 해독 치료로 의뢰될 것임을 이해합니다. 만약 내가 그 의뢰를 거절한다면, 즉각적으로 치료가 종결되어 집니다. 만약 내가 그 의뢰를 수용한다면, 새로운 평가를 위한 면담이 시행될 것입니다. 평가 면담에서 나의 재발의 원인이 되었던 것과 그것을 감추게 만들었던 것을 인지하려고 하는 것, 그리고 이러한 문제를 해결하기 위해서 정직한 노력을 기꺼이 행하는 모습을 보이는 것은 나의 책임입니다. 나는 재발을 숨기려는 시도 속에 부정직성이 내포되어 있기 때문에 치료 프로그램은 이 평가 동안에 고도의 의심을 하게 될 것임을 이해합니다. 변화에 대한 동기와 의지를 명백히 증명해 보이는 것은 나에게 달려있습니다.

7. 알코올과 약물 검사 : 나는 무작위로 또는 임상 스텝의 재량에 따라 알코올이나 약물 검사를 시행하는데 순응할 것을 동의합니다. 나는 검사에 요구되는 호흡, 소변, 모발을 제시하는 것을 거절하는 것이 알코올이나 약물 사용을 인정 안 하더라도, 내가 사용해왔음을 인정하는 것으로 해석될 수 있음을 이해합니다.

8. **처방된 의약품** : 나는 의사가 처방한 어떤 의약품이라도 사용에 관해서는 치료 프로그램 스텝과 의논할 것입니다. 나는 기분을 변화시키는 또는 통증을 경감시키는 어떤 약이라도 치료 프로그램의 지정된 의사의 권고를 따를 것입니다.

연습 2. 만약 재발이 일어난다면, 신속하게 재발 중단을 계획하기

재발방지 상담 워크북을 작성하는 목표 중의 하나는 여러분이 알코올이나 기타 약물을 사용하게 되었을 때 신속히 중단하도록 준비시키는 것입니다. 재발중재계획 세우기로 불리기도 합니다.

미리 여러분이 무엇을 할 것인가에 대한 문서화된 계획들이 있으면, 여러분이 재발의 심각성을 인식하고 음주나 기타 약물 복용을 중단하기 위해 필요한 단계를 밟아갈 가능성이 놀랄 만큼 증가할 것입니다. 여러분이 심각하게 삶을 위협받는 경험을 하기 전에 술을 끊으려면 재발중재계획을 위해 시간을 내어야만 합니다.

재발 되었을 때, 여러분이 신속하게 재발을 중단할 수 있는 단순한 몇 가지 지침이 있습니다.

1. 한잔 술이나 약물로 자신을 조절하지 못해서 바닥까지 갈 거라고 자신에게 말하지 마십시오. 이런 사고방식이 여러분에게 두 가지 면에서 상처를 줄 수 있습니다. 첫째, 그것은 사실이 아닙니다. 많은 알코올이나 약물의존자들은 단기간의 절주시기를 거치다가 재발을 하게 되며 심각한 재발이 일어나기 전에 할 수 있는 것이 의외로 많습니다. 둘째, 이런 식의 생각은 장기간의 파국적인 재발 경험을 조장하게 됩니다. 여러분이 알코올이나 약물사용을 시작하면, 한잔 술이나 한번의 약물사용으로 여러분이 조절하지 못하고 바닥까지 갈 거라는 생각이 소리가 되어 여러분의 머리를 뒤흔듭니다. 이 목소리와 함께 이왕에 바닥까지 알코올이나 약물사용을 계속 할 바에야 인생을 즐기자는 마음이 생겨서 중단하기가 더욱 어렵게 만듭니다.

2. 알코올이나 약물사용을 하면 심각하고 삶에 위협적인 문제를 일으킨다는 진실에 항상 귀를 기울이십시오. 알코올과 약물사용을 중단하고 도움을 요청할 때 약간의 온전한 정신이 있습니다. 이 순간 즉각적으로 행동하십시오. 망설인다면 알코올이나 약물사용 충동이 생기고 기회를 잃게 됩니다.

3. 당신이 알코올이나 약물사용을 중단하려는 온전한 정신이 있을 때, 여러분이 해야 할 가장 효과적인 방법이 아래에 있습니다.
   (1) 자신에게 진실을 말하십시오. "나는 재발 중에 있다. 내가 중단하지 않는다면 나는 나 자신을 파괴시키고 내가 사랑하는 것을 손상시킬 것이다. 온전한 순간은 순식간에 사라질 것이다. 나는 이 온전한 순간을 붙잡고 중단하기 위해 필요한 것들을 해야 한다."
   (2) 당신은 술이나 약물을 즉시 중단하고, 그것을 계속 사용할 수 있는 상황에서 벗어나야 합니다.
   (3) 당신이 상황을 벗어난 후에, 위엄과 존경으로 여러분을 치료해 줄 사람에게 전화하고 회복될 수 있도록 도와달라고 요청하십시오.
   (4) 알코올이나 약물을 중단하고자 하는 당신의 결정을 지지해 줄 장소로 가세요. 이것은 치료자나 협심자에게 연락을 취하고 치료 프로그램에 참여하거나 지지집단 모임에 참석하는 것을 의미합니다.

4. 재발중재계획 : 재발중재계획을 세우는 것은 세 가지 질문에 답하는 것으로 구성됩니다. 각각의 질문에 대한 반응에 따라 거기에 해당하는 문서화된 계획이 세워집니다. 질문은 다음과 같습니다.
   (1) 당신이 재발하거나, 모임에 나오지 않거나, 치료 계약을 어기려고 할 때, 치료자가 무엇을 해주기를 원합니까?
   (2) 당신이 알코올이나 약물을 시작했을 때 여러분은 회복하기 위해서 무엇을 하고, 바닥까지 가기 전에 알코올이나 약물사용을 중단하기 위해서 무엇

을 할 것인가요?

(3) 여러분의 회복에 관여하고 있는 중요한 세 사람은 누구이며 재발이 되면 그들 각자가 여러분에게 어떻게 해주기를 원합니까?

다음 페이지의 [연습 2-1]를 작성해주십시오.

연습 2-1 : 재발중재계획 세우기

1. 나는 나의 삶을 파괴하기 전에 알코올이나 약물사용을 중단하기로 결심합니다. 내가 만약 알코올이나 약물사용을 하면, 회복하기 위해서 다음 사항에 동의합니다.

2. 나는 참석하기로 한 회복 프로그램에 참여하지 않을 경우 다음 사항에 동의합니다.

3. 나는 치료자의 권고 사항에 반하여 치료를 중단하려 한다면 다음 사항에 동의

합니다.

※여러분이 치료자와 함께 치료 중에 있다면 아래 4번에서 7번까지를 작성하고 그것에 대해서 치료자와 상의하십시오.

4. 당신이 만약 알코올이나 약물을 사용한 후에, 치료자에게 알코올이나 약물사용 사실을 알리고 도움을 요청하면 치료자가 무엇을 해주기를 원합니까?

5. 당신이 알코올이나 약물사용 후에 치료자에게 그 사실을 알리지 않거나, 재발을 중단하고 회복하기 위해 여러분이 동의한 것들을 따르지 않는다면 치료자가 어떻게 해주기를 원합니까?

6. 당신이 치료에 나오는 것을 중단하면 치료자가 어떻게 해 주기를 원합니까?

7. 당신이 회복하기 위한 치료과제를 하지 않으면 치료자가 어떻게 해 주기를 원합니까?

※여러분이 후원자와 함께 한다면 아래 8번에서 10번까지를 작성하고 그것에 대해서 치료자와 후원자 모두에게 상의하십시오.

8. 당신이 알코올이나 약물을 사용하면 후원자가 무엇을 해주기를 원합니까? 또한 후원자에게 그 사실을 알리고 도움을 요청할 겁니까?

9. 당신이 알코올이나 약물사용 후에 후원자에게 그 사실을 알리지 않거나, 재발을 중단하고 회복에 이르기 위해 여러분이 동의한 것들을 따르지 않을 때 후원자가 어떻게 해주기를 원합니까?

10. 당신이 모임에 오기를 중단하면 후원자가 어떻게 해주기를 원합니까?

※그 밖의 여러분에게 중요한 주변인(가족이나 친한 친구)과 함께 한다면 아래 11번에서 14번까지를 작성하고 그것에 대해서 치료자와 중요한 주변인 모두와 상의하십시오.

11. 당신이 알코올이나 약물을 사용하면 당신의 중요한 주변인이 무엇을 해주기를 원합니까? 또한 중요한 주변인에게 그 사실을 알리고 도움을 요청할 건가요?

12. 당신이 알코올이나 약물사용 후에 중요한 주변인에게 그 사실을 알리지 않거나, 재발을 중단하고 회복에 이르기 위해 여러분이 동의한 것들을 따르지 않을 때 중요한 주변인이 어떻게 해주기를 원합니까?

13. 당신이 치료에 나오는 것을 중단하면 중요한 주변인이 어떻게 해 주기를 원합니까?

14. 당신이 회복하기 위한 회복과제를 수행하지 않는다면 중요한 주변인이 어떻게 해주기를 원합니까?

연습 2-2 : 재발중재계획 요약하기

연습 2-2에서 질문에 대한 답을 검토해보고 세 가지 질문에 대한 답을 문서화해서 정보를 요약하십시오. 다음 질문은 이전 연습에서 여러분이 알게 된 재발중재계획에 대한 정보를 통합하는데 도움을 줄 것입니다. 또한 여러분과 치료자, 여러분의 인생에 중요한 주변인을 포함하여 균형잡힌 시각을 갖는 데에도 도움이 될 것입니다.

1. 당신이 알코올이나 약물을 사용하거거나, 치료를 받으러 오는 것을 중단한다면, 또는 치료 과제를 완성하지 않는다면 치료자가 어떻게 해주기를 원합니까?

____

____

____

____

2. 당신이 알코올이나 약물사용 후에 심각한 문제에 빠지기 전에 중단하기를 결정했을 때, 회복되기 위해 여러분은 무엇을 하려고 합니까?

____

____

____

____

3. 당신의 회복에 중요한 주변인 세 사람이 누구이며, 재발한다면 그들 각자가 무엇을 해주기를 원합니까?

   A. 중요한 주변인 1 :

____

B. 중요한 주변인 2 :

C. 중요한 주변인 3 :

연습 3. 고-위험 상황을 확인하기

고-위험 상황이란 알코올이나 기타 다른 약물을 사용하지 않겠다고 서약한 후에도 불구하고, 우리로 하여금 사용을 원하도록 만드는 상황을 말합니다. 우연하게 이러한 고-위험 상황에 빠지는 것은 아니며, 이러한 상황으로 초래되는 원인은 우리들 자신입니다. 어떤 이들은 이러한 고-위험 상황을 '알코올이나 약물사용에 대한 강화(Building Up to Drink and Drug; BUDD)' 라고 하기도 하고, 또 다른 이들은 '재발의 시작단계(Setting Ourselves Up to Relapse; SOUR)' 의 과정이라고 부르기도 합니다. 일단 우리가 그러한 상황에 빠지게 되면 무엇을 해야 할지를 알지 못합니다. 우리들 자신은 그것에 대해 전혀 예측하지 못했고, '우연히 발생되었다' 라고 여겨서 그러한 상태에 빠진 것이 실제로 우리들 자신의 잘못이 아니라고 생각하며, 그래서 그러한 상황에 대해 우리들 자신은 어쩔 수 없는 일이라고 여깁니다.

고-위험 상황을 확인하는 일은 어려운 문제인데, 이유는 같은 상황이라도 어떤 사람들에게는 알코올이나 다른 약물을 사용할 수 있도록 유도할 수 있고 다른 사람들에게는 특별한 악영향을 끼치지 않기 때문입니다.

고-위험 상황을 다루기 위해서는, 일단 우리 자신의 고-위험 상황이 무엇이며, 어떻게 해서 그러한 상황으로 빠지게 되는지를 알아야 합니다. 우리는 다음과 같은 3단계를 수행함으로써, 재발의 위험스런 상황으로 빠지게 되는 고-위험 상황을 확인할 수 있습니다. (1) 재발을 야기시키는 흔한 고-위험 상황의 목록을 아는 것 (2) 자신에게 해당되는 고-위험 상황을 확인하는 것 (3) 고-위험 상황이 발생되었을 때, 여러분이 기억하고 확인하기 쉽도록 고-위험 상황의 목록과 종류를 작성하는 것입니다(연습 3-1과 연습 3-2가 이런 3단계를 설명해 주고 있음).

연습 1-2의 고-위험 상황을 통해 여러분은 단주의 장해 요인과 알코올이나 다른 약물의 사용에 이르기까지 초래되는 전형적인 상황을 확인하는데 도움이 될 것입니다.

다음의 목록을 주의 깊게 읽으십시오.

각 단락을 읽고 여러분이 무엇을 생각하고 느끼고 있는가를 확인하십시오. 다음과 같이 하시면 됩니다.

(1) 향후에 당신이 경험할 것이라고 여겨지는 고-위험 상황에 해당되는 부분에 체크(∨) 표기를 하십시오.

(2) 당신이 이해하는데 어렵다고 여겨지는 고-위험 상황에 물음(?) 표기를 하십시오.

(3) 당신에게 심경의 변화를 유발할 만큼 강렬한 감정을 야기시키는 고-위험 상황에 별표(★) 표기를 하십시오.

(4) 당신이 체크, 물음, 별표 표기를 했던 고-위험 상황에 대해 당신의 치료자, 후원자, 중요한 주변인과 논의하십시오. 이런 논의를 통해 당신은 그것들이 의미하는 것과 알코올이나 다른 약물을 사용하지 않고 그것들을 효과적으로 다루기 위해 무엇을 해야 할 것인가를 좀 더 잘 이해할 수 있습니다.

연습 3-1 : 고-위험 상황 목록 읽어보기

□ 1. 단주나 단약을 하는데 장해가 되는 문제들이 있습니다 : 우리는 알코올이나 약물사용과 관련된 심각한 문제나 위기에 처하게 됩니다. 우리는 내적인 갈등을 느낍니다. 한편으로는 알코올이나 약물사용을 지속적으로 원하고 있고, 또 다른 한편으로는 알코올이나 약물을 지속적으로 사용하는 것이 심각한 문제를 야기시키므로 사용해서는 안 되며 절제해야 한다고 여깁니다. 우리 스스로는 상황이 안정화될 때까지 단주나 단약을 하는 것이 좋다고 여기지만, 실제로는 그러지 못하고 있습니다. 우리는 알코올이나 약물사용이 없는 삶은 행복하지 않다고 생각하기 때문에, 어떤 상황이 안정화된 후에야 단주나 단약을 하겠다는 결심을 하게 됩니다.

□ 2. 실제 문제와 연관성을 확인하지 못합니다 : 우리는 알코올이나 약물사용 문제와 우리가 가지고 있는 실제 문제점들 사이의 연관성을 알려고 하지 않습니다. 우리는 실제 문제점들이 있음에도 불구하고 알코올이나 약물을 사용할 권리가 있다고 여깁니다. 어느 누구도 우리들에게 단주나 단약을 하라고 명령할 권리는 없습니다. 우리 스스로는 '알코올이나 약물사용이 실제 문제는 아니다' 라고 여깁니다. 실제로 우리에겐 몇 가지의 심각한 문제들이 있었습니다. 그리고 그 문제는 우리가 술이나 약물을 사용하는 이유였습니다. 즉 그러한 문제들을 해결하기 위해서 알코올이나 약물을 사용했습니다.

□ 3. 중독되었다는 것을 부정합니다 : 우리 스스로는 알코올이나 약물사용에 대해 절제된 상태이며, 조절할 수 있다고 여깁니다. 우리는 언제든지 중단할 수 있고, 지금 현재 알코올이나 약물을 사용하지 않는다는 이유로 조절할 수 있다고 여깁니다. 어느 누구도 우리 자신의 문제가 해로우며, 조절

을 하지 못한다는 사실을 확인시켜주는 사람은 없습니다.

□ 4. **도움을 줄 수 있는 사람을 배척합니다** : 우리 스스로는 '알코올이나 약물 남용자가 아니다' 라고 여기며, 자신들을 좋아하는 친구들이나 사람들이 있으며 그들은 우리 자신들의 알코올이나 약물사용 문제에 전혀 개의치 않는다고 여깁니다. 자신들을 좋아하지 않는 사람들에 대해선 그들은 실제 진정한 친구가 아니며, 그들은 우리들에게 알코올이나 약물사용 중단을 요구한다고 여깁니다. 그들이 진정한 친구들이라면, 우리들의 알코올이나 약물사용을 문제 삼지 않을 것이며, 만약 그들이 우리들의 곁을 떠난다고 하더라도 대인관계에 별 문제는 없다고 생각합니다.

□ 5. **알코올이나 약물사용으로 인해 즐거웠던 과거의 시간에 대해 과장된 생각을 갖습니다** : 우리는 알코올이나 약물사용에 대해 즐거웠던 시간만 기억하려고 합니다. 우리는 고통스러움이나 문제점들에 대한 기억을 회피하고 최소화하며 대신 즐거웠던 시간에 대한 과장된 기억을 합니다. 알코올이나 약물을 사용했을 때 고통이나 문제점들은 결코 없었으며, 항상 좋은 일만 있었다고 확신합니다.

□ 6. **단주나 단약 후 자신의 삶에 대한 두려움을 갖습니다** : 우리는 알코올이나 약물사용으로부터 벗어나 살아가는 것이 무척 힘들고 두려운 일이며, 끔찍하고 있을 수 없는 일이라 여깁니다. 술이 없는 삶이란 아무런 가치가 없고 단지 고통, 문제, 그리고 혼란 만을 준다고 여깁니다. 그래서 우리의 삶은 결코 행복해질 수 없다고 여깁니다.

□ 7. **마술적 사고를 사용합니다** : 우리는 알코올이나 약물사용이 우리 자신들의 어려움을 해결해 준다는 마술적 사고를 갖습니다. 기분을 좋게 해주고

우리 자신들의 문제를 해결해 준다고 여깁니다. 이번에는 알코올이나 약물사용을 하지 않거나 조절할 것이라고 다짐하지만, 이것은 일시적이고 반사적인 반응입니다. 그래서 얼마 못가서 그러한 다짐은 사라지고 말며 그 순간 다시 알코올이나 약물사용을 하게 됩니다.

□ 8. 중독적 사고를 반복합니다 : 우리는 다음과 같은 세 가지 사고를 반복합니다. '음주를 했던 그 시절이 얼마나 좋았던가 !' '술을 먹을 수 없다면 얼마나 두려운 일인가 !' '다시 음주를 할 수 있다면 얼마나 기쁜 일인가!' 이러한 사고를 끊임없이 반복적으로 사용함으로써 우리의 사고(할 수만 있다면 얼마나 좋을까)는 욕망(나는 음주를 하고 싶다)으로, 충동(나는 음주를 해야겠다)으로, 갈망(나는 지금 음주 필요성을 느낀다, 나에겐 다른 선택이 없다)으로 변합니다.

□ 9. 문제 상황에 처하게 됩니다 : 우리는 불필요한 고통이나 문제 상황에 이르게 됩니다.

A. 우리는 문제를 더욱 악화시킵니다 : 우리는 때때로 법적인 문제를 가지고 있어서 좀 더 나아질 수 있는 상황이 어려운 상황으로 발전되어 인생의 삶 자체가 어려워지는 경우가 많습니다. 우리는 우리 스스로가 저지른 일에 고통을 느끼며, 그것이 우리들의 다른 분야에까지 악영향을 끼쳐 상황이 더욱 악화됩니다.

B. 우리는 과도한 개입을 합니다 : 때때로 우리는 자신이 할 수 있는 이상의 일을 떠맡아 결국 기한을 넘기고, 다른 사람들로부터 비난을 받기도 합니다. 어떤 문제에 대해 솔직히 말하기보다는 핑계를 대며, 타인을 비난하거나 우리 자신들의 오류를 덮으려고만 합니다. 우리는 즉각적으로 방어적이 되고 벗어나려고만 합니다.

C. 우리는 쉽게 좌절합니다 : 때때로 우리는 가질 수 없는 것들을 우리가 원하기 때문에 쉽게 좌절합니다. 이러한 일이 발생되면 가져야만 한다고 여기므로 쉽게 박탈감을 갖게 됩니다. 우리는 가져도 되는 그럴만한 사람이라고 여기고 있고, 그런 특권을 가지고 있다고 생각합니다. 또한 우리가 그런 것들을 가지는데 타인이 방해할 이유가 없다고 여깁니다.

D. 우리는 논쟁과 폭력을 행사합니다 : 때때로 우리는 좋은 시간을 보내고 싶어서 우리의 친구, 다른 가족이나 부모님을 만나기도 합니다. 하지만 그러한 만남은 논쟁이나 폭력, 갈등으로 치닫게 됩니다. 우리는 결국 우리에게 관심을 보여주거나 이해해 주는 사람들이 실제로 아무도 없다고 여기게 됩니다.

E. 우리는 좀더 잘 어울리고 싶어 합니다 : 우리는 소외감을 느낍니다. 어느 누구도 우리를 좋아하거나 우리와 어울릴 것이라고 여기지 않습니다. 우리는 정상인처럼 느끼고 싶고 어울리고 싶어합니다. 그러나 한편으로는 알코올이나 약물사용 없이 그렇게 할 수 있다고 여기지 않습니다.

□ 10. 알코올이나 약물사용에 노출된 환경에 처해 있습니다 : 우리는 단주나 단약을 하겠다고 서약을 했음에도 불구하고 알코올이나 약물사용에 노출된 주변 환경에 처해 있습니다.

A. 우리는 훨씬 더 나은 기분 좋은 상태를 원합니다: 우리는 기분 상태가 별 문제없다고 여겨져도 실제로는 훨씬 더 나은 기분 좋은 상태가 유지되기를 바랍니다.

B. 우리는 활력을 변화시키고자 합니다 : 우리는 스트레스를 받아 흥분되거나 또는 지치고 지루한 상황에 빠져들 수 있습니다. 이러한 상황으로 인해 우리는 흥분된 감정을 추스리거나 기분에 활력을 줄 수 있는 무엇인가를 필요로 하게 됩니다.

C. 우리는 과거의 옛 술(약물)친구들과의 만남을 갖습니다 : 우리는 우연히 과거에 알코올이나 약물을 했던 친구들과 만나게 됩니다. 우리는 친구들이나 가족의 초대를 받아 술을 권유받게 되면 쉽게 '아니오' 라고 말하지 못합니다. 우리는 알코올이나 약물사용을 하고 싶지 않지만, 한편으로는 그들과 함께 알코올이나 약물사용을 하는 것에 별 문제 없을 것이라고 여깁니다.

D. 우리의 주변엔 알코올이나 약물사용자들이 있습니다 : 사회적인 상황에서나 우리 주변 사람들이 알코올이나 약물을 사용하고 있고 우리들에게 권하기도 합니다. 우리는 문득 그 밖의 모든 사람들이 알코올이나 약물을 사용하고 있음을 인식합니다. 그래서 알코올이나 약물사용을 해도 괜찮지 않나 여기기도 합니다.

E. 우리는 좀더 만족할 만한 성관계를 원합니다 : 알코올이나 약물을 사용함으로써 좀 더 만족할 만한 성적인 경험을 하기도 합니다. 하지만 그런 성적인 경험은 우리가 원하는 만큼 도달하지 못할 수도 있습니다. 소량의 알코올이나 약물사용은 억압적인 면을 감소시켜 자극적이며, 쾌락을 증가시키고, 죄책감이나 수치심을 제거해 주어 유혹적인 상황으로 유도해 상대방에게 기쁨을 준다고 알고 있습니다.

F. 우리는 상실감을 경험하기도 합니다 : 가족의 구성원이나 친구가 사

망할 수도 있습니다. 우리는 장례식에 가야 되며 그런 상황에 어쩔 수 없이 참석을 하게 됩니다. 우리는 다른 사람들이 술을 마시는 것을 봅니다. 어떤 이들은 약물사용이 심각해 있음을 우리는 알고 있습니다. 친척 중에 누군가는 안정제를 원하면 건네주기도 합니다. 우리는 홀로 고통과 상실을 다루기 위해 집으로 들어가며 기분이 좀더 나아지기를 바라지만 무엇을 해야 할지를 모릅니다.

G. **우리는 나쁜 경험을 기억합니다** : 우리는 가족 구성원이나 사랑하는 이 그리고 친구의 죽음과 같은 고통스런 경험에 대한 기억을 하기도 합니다. 때때로 그러한 상황은 우리에게 중대한 실패나 상실, 개인적 상처 또는 비극을 겪게끔 만듭니다. 우리는 상처를 받고 그러한 고통을 어떻게 다루는지를 알지 못합니다.

H. **우리는 고립되었다는 느낌을 갖습니다** : 우리는 무엇을 해야 하는지를 알지 못하기에 고립된 느낌이나 급박한 상황에 처해 질 수도 있습니다. 우리가 타인으로부터 고립되었다든지, 단절된 상황에 처해있을 수도 있습니다. 타인과 어울리거나 인간관계를 맺을 수 있는 방법이 없다고 여깁니다. 이와 같은 상황을 피하기 위해서 우리는 혼자서 더 많은 시간을 보내기 시작하고 그때 혼자서 외롭다고 느낄 수도 있습니다.

I. **우리는 병들기 시작합니다** : 우리는 병들며 상해를 받거나 또는 신체적 통증이나 불편감을 가질 수도 있습니다. 우리는 의사로부터 진통제, 근육이완제나 또는 진정제를 처방 받을 수도 있습니다. '그것이 무엇이 잘못되었단 말인가? 그는 의사이고 나는 지금 아파서 통증을 느끼고 있어' 라고 생각합니다.

연습 3-2 : 고-위험 상황을 확인하고, 개인화시키기

1. 자신의 고-위험 상황이 무엇인지 작성하기 : 고-위험 상황 목록을 읽고 나면, 당신은 대부분 우리가 단주나 단약을 하겠다고 서약을 했음에도 불구하고 알코올이나 약물을 사용하게 되는 한 가지 이상의 고-위험 상황을 확인할 수 있을 것입니다. 향후 6주에 걸쳐 미리 생각을 해보고 당신이 알코올이나 약물을 사용하게 되는 가장 큰 위험한 상황을 확인해 보고 짧은 문장으로 답해 보십시오.

____

____

____

2. 이러한 상황이 여러분으로 하여금 어떻게 해서 알코올이나 약물을 사용하게 되는지 알아보기 : 당신이 단주나 단약을 하겠다고 서약했음에도 불구하고 어떻게 해서 이러한 상황이 당신으로 하여금 알코올이나 약물을 사용하게끔 하는지 짧은 문장으로 답해보십시오.

____

____

____

3. 개인적 제목을 정하기 : 각 개인의 제목은 고-위험 상황을 명백히 알 정도로 많은 용어로 기술하지 말고 간단한 용어나 짧은 구절로 작성합니다. 아래에 다음 예처럼 작성하십시오.
   예 1) 결혼식에 음주자들과 참석하는 경우
   예 2) 혼자서 집에서 지내는 경우

____

4. 개인적 설명을 작성하기 : 각 개인의 설명이란 고-위험 상황을 설명하는 시작 · 중기 · 마무리로 된 한 문장으로 구성됩니다. 여러분은 이러한 형태로 작성할 수 있습니다 : *〈내가 알코올이나 약물을 사용할 수 있는〉 고-위험 상황을 압니다. 그러한 상황은 〈고통과 문제들을〉 야기시키며 그래서 나는 고통을 다루고 그 문제들을 해결하기 위해서 알코올이나 약물을 사용하고 싶습니다.* 다음은 질문 3에 주어진 제목을 예를 든 것입니다.

예 1 : "나는 과거에 알코올이나 약물을 함께 사용했던 친지들과 함께 결혼식에 참석하는 것이 고-위험 상황이라는 것을 압니다. 나는 아무런 감정 없이 그 상황에 어울리기 위해서 알코올이나 약물을 사용하고 싶습니다."

예 2 : "나는 자조집단에 참석을 하지 않고 집에 혼자 있다는 것이 고-위험 상황이라는 것을 압니다. 나는 외로워지고 우울해집니다. 그리고 나는 기분이 나아지기 위해서 알코올을 마시고 싶어지기 시작합니다."

아래의 줄에 여러분이 질문 3에서 선택한 제목에 관련한 고-위험 상황에 대한 개인적 설명을 작성하십시오.

나는 다음과 같은 상황일 때 고-위험 상황을 인식합니다.

5. 알코올이나 약물사용없이 상황을 조절할 수 있다는 당신의 믿음 : 당신은 알코올이나 약물사용 없이 그러한 상황을 얼마나 조절할 수 있다고 여깁니까?(당신이 선택한 번호에 ○를 하십시오.)

 0 = 나는 얼마든지 조절할 수 있다; 5 = 조절할 수 있는 정도가 50%이다;
 10 = 전적으로 조절할 수 없다.

0……1……2……3……4……5……6……7……8……9……10

여러분은 왜 그렇게 평가하였습니까?

6. 그러한 상황을 피할 수 있다는 당신의 능력에 대한 믿음 : 당신은 이러한 상황에 빠지는 것을 얼마나 피할 수 있다고 여깁니까?(당신이 선택한 번호에 ○를 하십시오.)

 0 = 나는 반드시 피할 수 있다; 5 = 나는 피할 가능성은 50%이다;
 10 = 나는 그러한 상황에 반드시 빠지게 된다.

0……1……2……3……4……5……6……7……8……9……10

당신은 왜 그렇게 평가하였습니까?

연습 4. 고-위험 상황을 그려보고 관리하기

이 연습은 여러분이 조만간에 접하게 될 고-위험 상황을 어떻게 그려보고 관리하는지를 가르쳐 줄 것입니다. 상황지도(situation map)는 여러분이 사용하지 않겠다고 서약했음에도 불구하고 알코올이나 다른 약물을 사용하도록 유도하는 것에 대해서 여러분이 할 수 있는 행동과 다른 사람들이 어떻게 반응할지를 정확히 설명하고 있습니다.

잘 만들어진 상황지도는 여러분의 마음속에서 일어나고 있는 것을 여러분이 명확하게 이해할 수 있는 방식으로 여러분과 다른 사람들이 하는 행동을 정확하게 설명해줍니다. 상황지도를 개발할 때는 시각화해서 마치 영화의 한 장면을 보듯이 여러분의 마음속에서 그 상황을 이해하는 것이 도움이 됩니다.

여러분이나 다른 사람들이 그 상황에서 말하고 행동하는 것을 정확히 이해하려고 해보십시오. 발생한 모든 일을 정확한 순서나 절차에 따라 이해하는 것이 중요합니다. 여러분은 먼저 상황의 시작부분에 대해서 생각해보고, 다음에 상황의 끝에 도달할 때까지 그 다음으로 일어난 일에 대해서 생각해 봄으로써 그렇게 할 수 있습니다.

여러분이 한 번 그 상황을 그려내면 여러분 자신에게 다음과 같은 질문을 해봄으로써 행동에서의 차이를 찾아내는 것은 쉬워집니다. "행동 절차상 무엇인가 빼먹은 곳이 어디에 있지?" 여러분이 논리적인 이행단계를 거치지 않고 한 가지 일로부터 그 다음으로 건너뛴 곳을 주목해 보십시오. 그런 다음 빼먹은 단계를 채우려고 해보십시오.

여기에 여러분이 고-위험 상황을 관리하는 법을 배우는데 가장 도움을 줄 수 있는 상황지도를 개발할 수 있도록 도와줄 수 있는 지침이 있습니다.

1. 여러분이 어떤 소설을 이야기하고 있다고 상상해 보십시오 : 상황이 발생한 사건의 순서를 마치 시작부, 중간부, 끝부분이 있는 이야기인 것처럼 정확히 설명해보십시오.

2. 마음속에서 일어나고 있는 것을 시각화해서 이해해보십시오 : 사건을 마치 그 일들이 현재 일어나고 있는 것처럼 여러분의 마음속에서 시각화해서 이해하려고 해보십시오. 여러분이 보고, 듣고, 느끼고, 행동했던 특별한 것들을 기억하려고 해보십시오. 모호하고 일반적인 보고는 절대 도움이 되지 않습니다. 가능한 한 구체적이고 특별한 것이 중요합니다.

3. 여러분의 마음속에서 일어난 것에 대해서 여러분이 본 것을 적어보십시오 : 여러분의 마음속에서 여러분이 보고 있는 사건의 순서를 적어보십시오.
   A. 여러분 자신에게 다음 질문으로 시작해보십시오. :
      (1) "이 고-위험 상황이 언제 시작되었나?"

   B. 그 다음에 다음의 질문을 해 보십시오 :
      (2) "당신은 누구와 있었는가?"
      (3) "그들은 무엇을 하고 있었는가?"
      (4) "당신은 무엇을 하고 있었는가?"
      (5) "당신에게 어떤 일이 벌어졌는가?"
      (6) "이런 일이 어디에서 발생했는가?"
      (7) "이 일이 언제 발생했는가?"

   C. 그 다음 상황의 처음부터 시작해서 상황의 끝에 도달할 때까지 다음 질문을 계속해보십시오. "그 다음으로 발생한 일은 무엇인가?" 가능한 한 확실하고 구체적으로 각 질문에 답해보십시오. 기억하십시오. 여러분이 상황의

각 단계를 여러분의 마음속에서 알아보거나 영상화하려 할 때 상황지도가 가장 도움이 될 것입니다.

D. 행동에서의 문제점을 찾아보십시오. 행동에서의 문제점은 이야기에서의 공백입니다. 여러분이 주목하지 못하거나 빠뜨린 상황에 뭔가가 있습니다. 가끔씩 미래에 재발을 피하기 위해서 알아야 하는 가장 중요한 것이 행동에서의 이런 빈틈 속에 숨겨져 있습니다. 일단 여러분이 행동에서의 문제점을 찾아내면 그 상황에 대해서 숙고하거나 반영할 시간을 갖고 발생한 것을 기억해내거나 상상할 수 있는지를 알아보아야 합니다.

E. 다음 단계는 알코올이나 다른 약물을 사용하지 않도록 지켜주고, 상황에 좀 더 나은 결과를 줄 수 있도록 여러분이 뭔가 다르게 행동할 수 있는 세 가지 중재 시점을 확인하는 것입니다.

상황을 그려보는 것은 어떤 문제나 상황을 명확히 하는데 사용될 수 있습니다. 이 워크북에서 우리는 세 가지 다른 상황을 설명하기 위하여 상황-그리기 과정을 사용할 것입니다.

(1) 결국 알코올이나 약물을 사용하게 했던 과거의 고-위험 상황. 그러한 상황은 결국 알코올이나 약물을 사용하게끔 했기 때문에, 알코올이나 다른 약물을 사용하는 것 외에 다른 대안을 생각하지 않는 자기-파괴적인 방식으로 관리되어 왔음이 틀림없습니다. 이런 상황을 그려봄으로써 여러분은 어려운 상황에 사용하는 경향이 있는 자동적이고 무의식적인 습관을 이해할 수 있을 것입니다. 여러분은 또한 알코올이나 약물을 사용하는 것 외에 다른 선택이 없다고 자신의 생각을 습관적으로 확신한다는 것을 발견할 수 있을 것입니다. 이런 과정은 여러분을 재발에 빠지게 하는 사고,

감정, 행동의 종류들을 이해할 수 있게 도와줄 수 있을 것입니다.

(2) 알코올이나 약물을 사용하지 않고 이겨낸 과거의 고-위험 상황. 이러한 상황은 알코올이나 다른 약물을 사용하지 않고 이겨냈기 때문에, 무엇인가를 바르게 행동했을 것입니다. 다른 말로 하면 알코올이나 약물사용을 요구하지 않는 전략을 사용하여 이 상황을 관리 했을 것입니다. 여러분은 이런 성공적으로 관리된 고-위험 상황의 상황지도를 여러분 자신이 무엇인가 바르게 행동한 것을 알아차리는데 이용할 수 있습니다. 이것은 유사한 미래의 고-위험 상황을 새롭고 더 효과적인 방식으로 대처하는 법을 확인하도록 도와줍니다.

(3) 여러분이 직면하고 있는 가까운 미래의 고-위험 상황. 이러한 상황은 아직은 일어나지 않았기 때문에 여러분은 그 상황을 관리하기 위해서 할 수 있는 다른 방법들을 시험할 수 있는 정신적 시연이라고 불리는 기술을 사용할 수 있을 것입니다. 여러분이 정신적 시연을 사용하려고 할 때, 일어날 수 있을 것 같은 상황을 생각하거나 상상하고, 그 다음에 마음속에서 그 상황을 다룰 수 있는 다른 방식들을 생각해내거나 상상해야 합니다. 먼저 여러분은 과거에 알코올이나 다른 약물을 사용하게끔 했던 상황을 다룰 때 과거의 자기-패배적인 방식을 이용하는 상황을 그려내 보아야 합니다. 이렇게 하는 것은 여러분이 상황을 잘못 관리하게 만들었던, 과거에 생각하고 행동했던 방식을 정확히 이해하도록 도와줍니다.

연습 4-1 : 결국 알코올이나 약물을 사용하게 했던 고-위험 상황을 그려보기

1. 여러분의 고-위험 상황을 검토하기 : 연습 3-2로 되돌아가세요 : 24쪽에 있는 여러분 자신의 고-위험 상황을 확인하시고, 아래의 공란에 가까운 미래에 부딪히게 될 고-위험 상황의 제목을 작성하고 설명해보십시오.

   고-위험 상황의 제목 : ____________________

   고-위험 상황의 설명 : 나는 이럴 때 고-위험 상황에 있음을 압니다.

   ____

   ____

   ____

   ____

2. 결국 알코올이나 약물을 사용하게 했던 상황을 그려보기 : 여러분이 고-위험 상황을 경험 했던 과거의 특별한 시간을 생각해보면 이와 유사한 경험이 있을 것이고, 알코올이나 다른 약물을 사용하게끔 한 방식으로 그것을 관리했습니다. 그 상황을 마치 시작부, 중간부, 끝부분이 있는 이야기처럼 설명하십시오. 다음과 같은 구절로 시작하십시오 : "....할때 고-위험 상황이 시작되었습니다." "그 다음에 발생한 일은 무엇인가?" 라고 질문을 하면서 단계별로 이야기를 구성하십시오. 이야기의 끝부분에 도달할 때까지 질문을 계속하십시오. 여러분은 다음과 같은 단어로 시작하는 마지막 언급으로 이야기를 끝낼 수 있습니다 : "마지막으로 발생한 일은 .... 입니다."

   ... 할때 고-위험 상황이 시작되었습니다.______________________________

   ____

   ____

3. 여러분이 원했던 것을 확인하기 : 여러분은 이런 방식으로 상황을 관리함으로써 무엇을 성취하길 원했나요?

4. 여러분이 실제로 얻었던 것을 확인하기 : 여러분은 이런 방식으로 상황을 관리함으로써 여러분이 원했던 것을 얻었는가?

□ 예 □ 아니오 □ 잘 모릅니다

설명하십시오 :

5. 상황을 피하기 : 여러분이 이런 상황으로 들어가는 것을 확실하게 피하기 위해서 할 수 있었던 것은 무엇이었나요?

- 만약 여러분이 이런 상황을 피했다면, 결과가 어떻게 변화될 수 있었을까요?

6. 중재 시점 1 : 여러분이 더 좋은 결과를 내게 하기 위해서 상황의 시작 부분

에서 무엇을 다르게 행동할 수 있었을까요?(여러분은 어떻게 다르게 생각할 수 있었을까요? 어떻게 다르게 감정이나 정서를 관리할 수 있었을까요? 여러분의 자기-파괴적인 충동과 어떻게 싸울 수 있었을까요? 어떻게 다르게 행동할 수 있었을까요? 다른 사람에게 어떻게 다르게 반응할 수 있었을까요?)

______

______

______

• 만약 여러분이 이처럼 한다면, 결과가 어떻게 변화될 수 있을까요?

______

______

7. 중재시점 2 : 여러분이 더 좋은 결과를 내게 하기 위해서 상황의 중간 부분에서 무엇을 다르게 행동할 수 있었을까요?(여러분은 어떻게 다르게 생각할 수 있었을까요? 어떻게 다르게 감정이나 정서를 관리할 수 있었을까요? 여러분의 자기-파괴적인 충동과 어떻게 싸울 수 있었을까요? 어떻게 다르게 행동할 수 있었을까요? 다른 사람에게 어떻게 다르게 반응할 수 있었을까요?)

______

______

______

• 만약 여러분이 이처럼 한다면, 결과가 어떻게 변화될 수 있을까요?

______

______

8. 중재시점 3 : 여러분이 더 좋은 결과를 내게 하기 위해서 상황의 끝부분에서 무엇을 다르게 할 수 있을까요?(여러분은 어떻게 다르게 생각할 수 있었을까요? 어떻게 다르게 감정이나 정서를 관리할 수 있었을까요? 여러분의 자기-

파괴적인 충동과 어떻게 싸울 수 있었을까요? 어떻게 다르게 행동할 수 있었을까요? 다른 사람에게 어떻게 다르게 반응할 수 있었을까요?)

• 만약 여러분이 이처럼 한다면, 결과가 어떻게 변화될 수 있을까요?

9. **재발을 재빨리 멈추십시오** : 만약 여러분이 알코올이나 약물을 사용하기 시작했다면, 중지하기 위해서 여러분이 할 수 있는 것은 무엇인가요?

10. **가장 중요하게 배운 점** : 여러분이 이 연습을 완수하면서 배운 가장 중요한 것은 무엇입니까?

연습 4-2 : 알코올이나 약물을 사용하지 않고 이겨낸 고-위험 상황을 그려보기

1. 여러분의 고-위험 상황을 검토하기 : 이 부분의 연습을 수행하기 전에, 연습 3-2로 되돌아가세요 : 24쪽에 있는 여러분 자신의 고-위험 상황을 확인하시고, 가까운 미래에 부딪히게 될 고-위험 상황의 제목과 이에 대한 설명을 검토하십시오.

2. 알코올이나 약물을 사용하지 않고 이겨낸 상황을 검토하기 : 여러분이 고-위험 상황을 경험했던 과거의 특별한 시간을 생각해보면, 여러분이 앞으로 부딪히게 될 즉각적인 고-위험 상황과 유사한 상황이 있었을 것이고, 알코올이나 다른 약물을 사용하지 않고 그것을 관리했습니다. 그 경험을 마치 시작부, 중간부, 끝부분이 있는 이야기처럼 말하십시오. 다음과 같은 구절로 시작하십시오 : "....할 때 고-위험 상황이 시작되었습니다." "그 다음에 발생한 일은 무엇입니까?"라고 질문을 하면서 단계별로 이야기를 구성하십시오. 이야기의 끝부분에 도달할 때까지 질문을 계속하십시오. 여러분은 다음과 같은 단어로 시작하는 마지막 언급으로 이야기를 끝낼 수 있습니다 : "마지막으로 발생한 일은 ....였습니다."

....할때 고-위험 상황이 시작되었습니다.

3. 여러분이 이 상황을 알코올이나 다른 약물을 사용하지 않고 관리할 수 있도록 도와준 것은 무엇이었습니까?

4. 여러분은 이런 방식으로 상황을 관리함으로써 여러분이 원했던 것을 얻었습니까?

□ 예 □ 아니오 □ 잘 모른다

설명하십시오 :

5. 중재 시점 1 : 여러분이 알코올이나 약물을 사용하지 않고 관리할 수 있게끔 도와주었던 상황의 시작 부분에서 다르게 행동한 것은 무엇인가요? (여러분은 어떻게 다르게 생각했나요? 어떻게 감정이나 정서를 다르게 관리했나요? 여러분의 자기-파괴적인 충동을 어떻게 다르게 다루었나요? 어떻게 다르게 행동했나요? 다른 사람에게 어떻게 다르게 반응 했나요?)

• 여러분이 이처럼 했을 때, 결과가 어떻게 변화되었나요?

6. 중재시점 2 : 여러분이 알코올이나 약물을 사용하지 않고 관리할 수 있게끔 도와주었던 상황의 중간부분에서 다르게 행동한 것은 무엇인가요?(여러분은 어떻게 다르게 생각했나요? 어떻게 감정이나 정서를 다르게 관리했나요? 여러분의 자기-파괴적인 충동을 어떻게 다르게 다루었나요? 어떻게 다르게 행동했나요? 다른 사람에게 어떻게 다르게 반응했나요?)

____

____

____

• 여러분이 이처럼 했을 때, 결과가 어떻게 변화되었나요?

____

____

7. 중재시점 3 : 여러분이 알코올이나 약물을 사용하지 않고 관리할 수 있게끔 도와주었던 상황의 끝부분에서 다르게 행동한 것은 무엇인가요?(여러분은 어떻게 다르게 생각했나요? 어떻게 감정이나 정서를 다르게 관리했나요? 여러분의 자기-파괴적인 충동을 어떻게 다르게 다루었나요? 어떻게 다르게 행동했나요? 다른 사람에게 어떻게 다르게 반응했나요?)

____

____

____

• 여러분이 이처럼 했을 때, 결과가 어떻게 변화되었나요?

____

____

8. 가장 중요하게 배운 점 : 여러분이 이 연습을 완수하면서 배운 가장 중요한 것은 무엇입니까?

연습 4-3 : 미래의 고-위험 상황을 그려보고 관리하기

1. 여러분의 고-위험 상황을 검토하기 : 이 부분의 연습을 수행하기 전에, 연습 3-2로 되돌아가세요 : 24쪽에 있는 여러분 자신의 고-위험 상황을 확인하시고, 아래의 빈칸에 가까운 미래에 부딪히게 될 고-위험 상황의 제목과 이에 대한 설명을 작성하십시오.

____

____

____

2. 미래의 고-위험 상황을 그려보기 : 여러분이 이러한 고-위험 상황을 경험할 가능성이 있는 가까운 미래의 특별한 시간을 생각해 보십시오. 여러분 자신이 이런 고-위험 상황을 경험하고 있고 여러분에게 알코올이나 다른 약물을 사용하게끔 할 수도 있는 이 상황을 관리하는데 과거의 자기-패배적인 방식을 사용하려고 하고 있다고 상상해보십시오. 이렇게 상상했던 경험을 마치 시작부, 중간부, 끝부분이 있는 이야기인 것처럼 말해보십시오. 다음과 같은 구절로 시작하십시오 : "....할 때 고-위험 상황이 시작될 것입니다." "그 다음에 발생할 수 있는 일은 무엇입니까?"라고 질문을 하면서 단계별로 이야기를 구성하십시오. 이야기의 끝부분에 도달할 때까지 질문을 계속하십시오. 여러분은 다음과 같은 단어로 시작하는 마지막 언급으로 이야기를 끝낼 수 있습니다 : "마지막으로 발생할 수 있는 일은 ....입니다." 여러분이 이 상황을 관리하는데 알코올이나 다른 약물을 사용하는 것 이외에 다른 선택의 여지가 없다고 얼마나 자신을 확신하는지 상상해보십시오.

....할때 고-위험 상황이 시작될 것입니다.______________________________

____

____

3. 여러분이 과거의 자기-패배적인 행동과 대처전략으로 이런 상황을 관리함으로써 성취하기를 원했던 것은 무엇입니까?

4. 여러분이 과거의 자기-패배적인 행동과 대처전략을 사용하여 원했던 것을 얻을 수 있다고 생각합니까?

□ 예　　□ 아니오　　□ 잘 모른다

설명하십시오 :

5. 상황을 피하기 : 여러분이 이 같은 상황으로 들어가는 것을 확실하게 피하게끔 여러분을 도와줄 수 있는 어떤 행동을 상상할 수 있습니까? 설명해 주십시오.

• 만약 여러분이 이런 형태의 상황을 피할 수 있다면, 상황을 어떻게 변화시킬 수 있을까요?

6. 중재 시점 1 : 여러분이 더 좋은 결과를 내게 하기 위해서 상황의 시작 부분에서 무엇인가 다르게 행동하는 자신을 상상할 수 있습니까? (여러분은 어떻게 다르게 생각할 수 있을까요? 어떻게 다르게 감정이나 정서를 관리할 수 있을까요? 여러분의 자기–파괴적인 충동과 어떻게 싸울 수 있을까요? 어떻게 다르게 행동할 수 있을까요? 다른 사람에게 어떻게 다르게 반응할 수 있을까요?)

• 만약 여러분이 이처럼 한다면, 상황을 어떻게 변화시킬 수 있을까요?

---

7. 중재시점 2 : 여러분이 더 좋은 결과를 내게 하기 위해서 상황의 중간 부분에서 무엇인가 다르게 행동하는 자신을 상상할 수 있습니까? (여러분은 어떻게 다르게 생각할 수 있을까요? 어떻게 다르게 감정이나 정서를 관리할 수 있을까요? 여러분의 자기–파괴적인 충동과 어떻게 싸울 수 있을까요? 어떻게 다르게 행동할 수 있을까요? 다른 사람에게 어떻게 다르게 반응할 수 있을까요?)

• 만약 여러분이 이처럼 한다면, 상황을 어떻게 변화시킬 수 있을까요?

---

8. 중재시점 3 : 여러분이 더 좋은 결과를 내게 하기 위해서 상황의 끝부분에서 무엇인가 다르게 행동하는 자신을 상상할 수 있습니까? (여러분은 어떻게 다르게 생각할 수 있을까요? 어떻게 다르게 감정이나 정서를 관리할 수 있을까요? 여러분의 자기-파괴적인 충동과 어떻게 싸울 수 있을까요? 어떻게 다르게 행동할 수 있을까요? 다른 사람에게 어떻게 다르게 반응할 수 있을까요?)

• 만약 여러분이 이처럼 한다면, 결과를 어떻게 변화시킬 수 있을까요?

---

9. 재발을 재빨리 멈추십시오 : 만약 여러분이 이와 같은 상황에서 결과적으로 재발을 한다면, 여러분이 심각한 문제를 경험하기 전에 재빨리 재발을 멈추기 위해서 할 수 있는 일은 무엇이라고 생각합니까?

---

10. 가장 중요하게 배운 점 : 여러분이 이 연습을 완수하면서 배운 가장 중요한 것은 무엇입니까?

이 연습은 여기서 마칩니다.

연습 5. 고-위험 상황에 대한 개인적인 반응을 관리하기

이전 연습에서 여러분이 상세히 그려 본 것과 같은 고-위험 상황은 여러분 깊이 내재되어 있는 알코올이나 약물을 사용하는 것을 부추기는 사고, 감정, 행동, 타인과의 관계를 활성화시킵니다. 고-위험 상황을 효과적으로 다루기 위해서, 고-위험 상황에서 우리가 반응하는 방식을 이해하고 조절하는 법을 배워야 합니다. 우리가 알코올이나 약물을 사용하도록 만드는 사고, 감정, 충동, 행동, 사회적 반응을 인식하고 잘 다룬다면 알코올이나 약물을 사용하는 고-위험 상황을 대처할 기회는 증가될 것입니다.

여러분이 고-위험 상황에서 여러분의 반응을 어떻게 관리할 지에 대한 학습과정을 여러분이 이해하는데 도움을 주기 위해서 몇몇 단어를 정의해 봅시다.

개인적인 즉각 반응(reaction)은 뭔가가 일어났을 때 우리가 하는 자동적이고 습관적인 것입니다. 우리에게 어떤 일이 일어났을 때, 우리가 자동적으로 하는 네 가지가 있습니다 : 우리는 그것에 대해 생각합니다. 우리는 그것에 대해 감정이나 정서적인 반응을 합니다. 우리는 그것에 대해 어떤 일을 할 충동을 갖습니다. 우리는 실제로 어떤 일을 합니다. 각각의 자동적인 개인적 반응은 구성요소로 나누어질 수 있습니다. (1) 자동적 사고 (2) 자동적 감정 (3) 자동적 충동 (4) 자동적 행동. 고-위험 상황을 효과적으로 다루는 것을 배우기 위해서, 여러분은 자동적인 반응을 의식적인 선택으로 바꾸는 것을 배워야 합니다.

개인적인 선택 반응(response)은 개인적인 즉각 반응과 다릅니다. 개인적인 즉각반응은 자동적이고 무의식적입니다. 선택 반응이란 우리가 의식적으로 선택하는 것입니다. 의식적인 반응은 하나의 선택입니다. 알코올이나 약물사용 없이 고-위험 상황을 관리하기 위해서 우리는 그 상황에 어떻게 선택 반응할지에 대해 좀 더 좋은 선택을 할 수 있도록 배워야만 합니다. 다른 말로, 자동적인 반응을 의식적인 선택으로 바꾸기 위해서 우리는 우리가 무엇을 생각할 것인지, 우리의 감정을 어떻게 다루고 표현할지, 우리의 충동을 어떻게 다룰지, 우리가 그런 상황에서 실제로 무엇을 할지를 선택해야 합니다.

중독적인 사고는 알코올이나 약물사용이 무책임한 사고와 행동에 의해 야기된 고통이나 문제를 다루는 데 효과적인 방법이라고 사람들에게 확신시키는 비합리적인 사고방식입니다.

무책임한 사고는 불필요한 감정적 고통을 야기하는 어떤 것에 대해 생각하게 하고, 문제를 더 악화시키도록 동기화시키는 비합리적인 사고방식입니다.

중독적인 행동은 우리를 음주나 약물을 사용하도록 부추기는 사람이나 장소, 사물 주변에 접근하도록 하는 행동방식입니다.

무책임한 행동은 불필요한 고통이나 문제를 야기하는 행위나 행동방식입니다.

사고와 행동에 수반되는 감정적 결과가 있습니다. 모든 사고와 행동은 논리적인 결과를 갖게 됩니다. 온전하고 합리적인 사고는 불필요한 감정적인 고통을 경험하지 않고, 불쾌한 감정을 처리하는데 알코올이나 약물을 사용하는 욕구를 경험하지 않으면서 삶을 관리할 수 있도록 합니다. 온전하고 책임감 있는 행동은 사람들로 하여금 그들 자신이나 타인에게 불필요한 합병증을 야기하지 않고, 그들의 인생을 알코올이나 약물을 사용하는 생활에 중심을 두지 않고 그들의 삶을 영위하고 그들의 문제를 해결하도록 합니다.

즉각적인 만족은 미래에는 더 나쁘게 손상을 줄 수 있다는 것을 의미할 지라도 지금 좀더 좋게 느끼기를 바라는 것입니다. 즉각적인 만족을 추구하는 사람은 즉시 그들을 더 기분 좋게 느끼게 만들기 위해서 당장 무엇이나 하기를 원합니다. 그들은 신중한 생각이나 행동이 없이 지금 좀더 좋게 느끼기를 원합니다. 이것은 성급한 고착 성향을 초래합니다. 즉각적인 만족을 추구하는 사람들은 항상 좋게 느끼기를 원합니다. 그들은 다른 모든 것에 우선하여 "좋게 느끼는 것"을 우선에 두는 경향이 있습니다. 이것은 "내가 더 좋게 느낀다면 나는 더 좋을 것이고 나의 인생이 더 잘될 것이다."는 잘못된 믿음에 기초합니다. 그들은 그들의 인생을 잘 되게 하는 책임감 있는 원칙에 따라 생활하는데 흥미가 없습니다. 그들은 결과에 관계없이 그들이 그것을 원할 때 그들이 원하는 것을 원합니다.

지연된 만족은 미래에 이익을 얻거나 좀더 좋게 느끼기 위해서 지금 불편함을 참아내거나 고통을 인내하는 능력입니다. 지연된 만족을 사용하는 사람은 후에 더 좋게 느끼기 위해서 먼저 더 많이 생각하고 행동합니다. 지연된 만족을 어떻게 발달시키는가를 배우기 위해서 우리는 행동하기 전에 상황을 심사숙고하는 습관을 가져야 합니다. 지연된 만족은 결국에는 우리의 인생을 잘 되게 만드는 규칙이나 원칙이 있어서 정상적인 삶의 관점에서 우리 모두가 경험해야 하는 필수불가결한 기간의 고통, 힘든 감정, 좌절을 이겨낼 수 있도록 하는 확고한 의미, 목적, 만족을 줄 것이라는 믿음에 기초합니다.

우리는 **중독적인 사고와 무책임한 사고에 도전하는 방법**을 배울 수 있습니다. 우리가 효과적이고 만족스런 삶의 방식을 영위하기 위해서 책임있는 선택을 하려 한다면 우리는 우리의 중독적이고, 무책임한 사고를 알아내고 도전하는 방법을 배워야만 합니다. 다음에 사고 방법은 여러분이 즉각적인 만족을 추구하는 경향을 도전하는데 도움을 줍니다 : 건강의 목표는 그 순간에 그것이 어떻게 느껴질지라도 좋은 삶을 사는 것입니다. 감정은 변합니다. 하지만 효과적인 원칙은 변하지 않습니다. 온전하고 책임감 있는 사람은 감정이 아니라 원칙에 기초해서 삶을 삽니다. 즉각적인 만족은 쉬운 해결방법인 것처럼 보이는 것을 제공합니다. 문제는 이런 해결 방법이 덫이 될 수 있다는 것입니다. 즉각적인 만족의 조건화된 패턴의 덫에 갇히게 되면, 여러분이 그 패턴을 깨려고 할 때, 갈망감을 느낄 것입니다. 하지만 패턴이 깨지면 욕구는 사라집니다. 책임감 있는 삶의 장기간의 이득이 되는 결과가 자리 잡기 때문입니다.

고-위험 상황에 대한 개인적인 반응을 다루는 이 연습에서 우리는 우리를 알코올이나 약물의 사용을 원하도록 하는 사고, 감정, 욕구, 행동, 사회적 반응을 알아내어서 고-위험 상황을 어떻게 분석하는가를 배울 것입니다. 그 이후 우리는 알코올이나 약물을 사용하지 않고 새롭고 좀더 효과적인 방법으로 고-위험 상황을 다룰 방법들을 배울 것입니다.

우리가 해야 할 필요가 있는 첫 번째 것은 사고, 감정, 욕구, 행동, 사회적 반응이 서로 어떻게 관련되어 있는지를 이해하는 것입니다. 이런 작용이 일어나는 것을 이해하는데 도움을 주는 몇 가지 원칙이 있습니다.

1. 사고는 감정에 영향을 미칩니다. 우리가 어떤 일을 생각할 때마다 우리는 자동적으로 감정이나 정서로 반응하게 됩니다.

2. 사고와 감정은 함께 작용하여 충동에 영향을 미칩니다. 우리의 사고방식은 우리가 어떤 느낌을 가지게 만듭니다. 이런 감정은 우리가 생각하는 방식을 강화시킵니다. 사고와 감정은 함께 작용하여 어떤 일을 하고자 하는 욕구를 만들어냅니다. 욕구는 합리적이거나 비합리적인 바램입니다.
   우리가 알코올이나 약물사용이 해를 줄 것이라는 것을 아는데도 불구하고 알코올이나 약물을 사용하려는 비합리적인 욕구가 갈망감이라고 불립니다. 이것은 비합리적인데 우리가 알코올이나 약물사용이 도움이 안 될 것이라는 것을 아는데도 불구하고 알코올이나 약물을 사용하기를 원하기 때문입니다.

3. 충동과 결정은 행동에 영향을 미칩니다. 결정은 선택입니다. 선택은 한 가지 방식의 행동을 하게하고 그밖에 다른 행동은 거부하는 특징적인 사고방식입니다. 욕구와 행동사이의 여백에는 항상 결정으로 채워져 있습니다. 이런 결정은 여러분이 그것에 대해 생각해보지 않고 배우게 된 자동적이고 무의식적인 선택일 수 있습니다. 또는 이런 결정은 상황을 관리하는데 유용한 선택을 주의 깊게 되돌아보고 내린 의식적인 선택에 기초한 것이기도 합니다.

4. 행동은 다른 사람으로부터 반응에 영향을 미칩니다. 우리의 행동은 다른 사람에게 영향을 주고, 그들이 우리에게 반응하도록 야기합니다. 어떤 방식으로 우리를 대해주도록 다른 사람들에게 하는 우리의 행동을 생각해 보는 것이 도움이 됩니다. 어떤 행동은 다른 사람들이 우리에게 친절하게 합니다. 어떤 행동은 다른 사람들이 우리와 싸우고 우리를 기운 빠지게 하기도 합니다. 모든 사회적 상황에서 우리는 일어나는 일에 일부 책임이 있습니다. 우리는 지속적으로 우리가 한 행동에 의해 다른 사람이 우리에게 반응하도록 하기 때문입니다.

재발하는 사람들은 흔히 다음에 제시된 한 가지 이상의 문제를 갖습니다.

1. 그들은 사고와 감정 사이에 차이를 말할 수 없습니다. 그들은 그들이 원하는 어떤 것이나 생각할 수 있고, 그것은 그들의 감정에 영향을 주지 않을거라고 믿는 경향이 있습니다. 그 후에 그들이 나쁘게 느끼기 시작했을 때 왜 그런지를 이해 못하고 더 좋은 기분을 만드는 유일한 방법은 알코올이나 다른 약물을 사용하는 것이라고 확신합니다.

2. 그들은 감정과 충동 사이에 차이를 말할 수 없습니다. 그들은 각각의 감정은 각각에 특이한 충동을 가진다고 믿습니다. 그들은 그들이 감정을 경험할 수 있다는 것을 깨닫지 못합니다. 차분히 앉아서 숨 쉬면서 감정을 느껴보십시오. 그런 다음 감정은 행동됨이 없이 사라져 버립니다.

3. 그들은 충동과 행동사이에 차이를 말할 수 없습니다. 그들은 충동과 행동 사이에 시간적인 공백이 있다는 것을 알지 못합니다.

4. 그들은 그들의 충동을 조절할 수 없습니다. 그들은 그들이 하려고 하는 욕구를 느낄 때마다 그들이 해야만 한다고 믿습니다. 그들은 충동조절을 마스터하기 위해서 여러분이 즉각적으로 행동하도록 하는 강한 욕구를 느꼈을 때 조차도 어떻게 중단하고, 이완하고, 돌아보고, 결정해야 하는지를 배워야만 한다는 것을 결코 배우지 못했습니다. 네 단계의 충동조절 단계를 보십시오.
   - 중단하고 그것에 대해 어떤 것도 하지 말고 충동을 인식하십시오.
   - 깊은 숨을 들어 마시고, 천천히 내뱉고, 여러분의 몸으로부터 빠져나오는 스트레스를 상상하면서 이완하십시오.
   - 여러분 자신에게 질문하면서 여러분이 경험한 것을 회상해 보십시오 : 내가 무엇을 하기 위한 충동을 가졌나. 과거에 유사한 것을 했을 때 무엇이 일어났는가? 지금 그것을 한다면 무엇이 일어날 것 같은가요?
   - 충동에 대해서 여러분이 하려고 했던 것을 결정하십시오. 자동적이고 무의식적인 방식으로 행동하지 말고 의식적인 선택을 하십시오. 여러분이 하려고 했던 것을 선택을 할 때, 여러분 자신에게 상기시키세요. 여러분이 하려고 선택했던 행동과 결과에 여러분이 책임질 수 있도록 여러분 자신을 상기시키세요.

   기억 하십시오 : 충동 조절은 욕구와 행동사이의 공간에 존재합니다.

5. 그들은 행동과 사회적 반응의 차이를 말할 수 없습니다. 그들은 사람들이 전혀 어떤 이유 없이 자신에게 반응한다고 믿는 경향이 있습니다. 그들은 다른 사람의 반응과 그들이 다른 사람과 같이 있을 때, 그들이 한 것을 연결시키지 못합니다. 현실에서 우리가 한 것은 다른 사람들이 어떤 방식으로 우리를 대하게 만듭니다. 여러분 자신에게 물어 보십시오. 나는 이런 상황에서 다른 사람이 나를 어떤 방식으로 대하도록 어떻게 유도하였습니까?

이를 명심하고 알코올과 약물사용을 하게 하는 사고, 감정, 욕구, 행동, 사회적 반응을 인식하고 변화시키는 연습을 완성하십시오.

연습 5-1 : 알코올이나 약물사용을 유도하는 사고를 관리하기

고-위험 상황을 관리하기 위해서, 우리는 우리가 알코올이나 약물사용을 원하게 하는 사고를 확인하는 방법을 배워야만 합니다. 여러분이 알코올이나 약물사용 없이 관리하는 방법을 배우기를 원하는 고-위험 상황을 생각하십시오.

1. 연습 3-2로 돌아가세요 : (여러분의 고-위험 상황을 확인하고 개인화시키기) 그리고 아래 있는 공간에 여러분이 가까운 미래에 직면해야 할 고-위험 상황의 제목과 설명을 쓰십시오.

   고-위험 상황의 제목 : ________________

   고-위험 상황의 설명 : 나는 고-위험 상황에 있다는 것을 안다.

   이럴 때 :

   ____

   ____

   ____

2. 여러분이 설명했던 상황을 유념하면서 아래에 예시된 각각의 사고를 읽으십시오. 여러분이 고-위험 상황에 있을 때, 유사한 생각을 했는지 자신에게 물어 보십시오 그렇다면 사고 앞쪽에 있는 박스에 체크 하십시오. 필요한 만큼 체크 하십시오.

   □ 1. 나는 심각한 알코올이나 약물사용 문제가 없다. 그래서 이 상황을 관리하기 위해서 알코올이나 약물사용을 안 할 이유가 없다.

   □ 2. 나는 알코올이나 약물을 사용할 권리가 있다. 아무도 나에게 끊으라고 말할 권리가 없다.

   □ 3. 내가 이 상황을 관리하기 위해 알코올이나 약물사용을 한다면 아무도

그것을 모를 것이다. 무슨 차이가 있겠는가?

□ 4. 내가 이 상황을 관리하기 위해 알코올이나 약물사용을 한다면 그 결과로 아무런 나쁜 일도 일어나지 않을 것이다.

□ 5. 내가 알코올이나 약물사용을 하지 않는다면 나는 효과적으로 이 상황을 다루지 못할 것이다.

□ 6. 내가 알코올이나 약물사용을 하지 않는다면 나는 이 상황이 야기하는 고통과 스트레스를 다루지 못할 것이다.

□ 7. 알코올이나 다른 약물사용이 내가 좀 더 효과적으로 이 상황을 다룰 수 있도록 도울 것이다.

□ 8. 나는 이 상황을 다루기 위해서 특별한 것을 할 필요가 없다. 내가 아무런 조치를 취하지 않아도 모든 것이 잘 해결될 것이다.

3. 당신으로 하여금 알코올이나 약물사용하기를 유도하는 이런 종류의 고-위험 상황에서 여러분이 가지는 세 가지 사고는 무엇입니까? 당신은 첫 사고 내용으로 위의 사고를 이용할 수 있습니다. 하지만 당신 자신의 말로 이 사고를 기입하는 것이 중요합니다.

사고 1 : ______________________________

____

• 당신이 알코올이나 약물사용을 하지 않도록 확신시켜 주는 다른 사고방식은 무엇입니까?

____

____

사고 2 : ______________________________

____

• 당신이 알코올이나 약물사용을 하지 않도록 확신시켜 주는 다른 사고방식

은 무엇입니까?

____

____

사고 3 : ______________________________________

____

• 당신이 알코올이나 약물사용을 하지 않도록 확신시켜 주는 다른 사고방식은 무엇입니까?

____

____

연습 5-2 : 알코올이나 약물사용을 하게 하는 감정과 욕구를 관리하기

다음의 연습은 여러분이 조만간에 경험하게 될 고-위험 상황에서 감정을 좀 더 효과적으로 관리하는 방법을 보여줄 것입니다.

이 부분의 연습지를 작성하기 전에 71페이지 연습 5-1로 가서, 여러분이 관리하는 법을 배우려고 하는 고-위험 상황의 제목과 설명을 읽어 보십시오.

1. 당신이 고-위험 상황에 있을 때, 당신이 느끼는 감정은? (0-10)

   0 = 약한 감정　　10 = 강한 감정　　＊감정이 얼마나 강합니까?______

   0……1……2……3……4……5……6……7……8……9……10

   당신은 왜 이런 식으로 점수를 주었나요? ____________________

2. 당신이 고-위험 상황에 있을 때, 당신이 느끼는 감정은?

   0 = 평온한 감정　　10 = 화난 감정　　＊감정이 얼마나 강합니까?______

   0……1……2……3……4……5……6……7……8……9……10

   당신은 왜 이런 식으로 점수를 주었나요? ____________________

3. 당신이 고-위험 상황에 있을 때, 당신이 느끼는 감정은?

   0 = 행복한 감정　　10 = 슬픈 감정　　＊감정이 얼마나 강합니까?______

   0……1……2……3……4……5……6……7……8……9……10

   당신은 왜 이런 식으로 점수를 주었나요? ____________________

4. 당신이 고-위험 상황에 있을 때, 당신이 느끼는 감정은?

0 = 안전한 감정　　10 = 위협받는 감정　　＊감정이 얼마나 강합니까?_____

0……1……2……3……4……5……6……7……8……9……10

당신은 왜 이런 식으로 점수를 주었나요? ____________________

5. 당신이 고-위험 상황에 있을 때, 당신이 느끼는 감정은?

0 = 충족된 감정　　10 = 좌절된 감정　　＊감정이 얼마나 강합니까?_____

0……1……2……3……4……5……6……7……8……9……10

당신은 왜 이런 식으로 점수를 주었나요? ____________________

6. 당신이 고-위험 상황에 있을 때, 당신이 느끼는 감정은? _________

0 = 자랑스런 감정　　10 = 수치스런 감정　　＊감정이 얼마나 강합니까?_____

0……1……2……3……4……5……6……7……8……9……10

당신은 왜 이런 식으로 점수를 주었나요? ____________________

7. 당신이 고-위험 상황에 있을 때, 당신이 느끼는 감정은? _________

0 = 함께하는 감정　　10 = 외로운 감정　　＊감정이 얼마나 강합니까?_____

0……1……2……3……4……5……6……7……8……9……10

당신은 왜 이런 식으로 점수를 주었나요? ____________________

8. 당신이 알코올이나 약물사용을 하게 하는 고-위험 상황에서 가지는 강한 감정 세 가지는 무엇인가요?

감정 1 : ____

– 당신은 왜 이 감정을 선택했나요? ____________

감정 2 : ____________

– 당신은 왜 이 감정을 선택했나요? ____________

감정 3 : ____________

– 당신은 왜 이 감정을 선택했나요? ____________

9. 이 세 가지 감정을 유념하고 당신의 감정을 다룰 수 있는 당신의 능력에 대한 다음의 기술들 각각을 읽으십시오. 0점에서 10점으로 평가해 보십시오 ("0"은 진술이 사실이 아니라는 것을 의미합니다. 10은 진술이 전적으로 옳다는 것을 의미합니다.) 각각의 진술 앞에 당신의 답을 적어 넣으십시오.

____ A. 숙련 1 : 나는 내가 강한 느낌과 정서를 야기할 것 같은 상황을 예견할 수 있다.

____ B. 숙련 2 : 나는 내가 강한 느낌과 정서를 갖기 시작할 때를 인식할 수 있다.

____ C. 숙련 3 : 나는 내가 그것을 철저히 생각하지 않고 감정에 자동적으로 반응하는 것으로부터 나 자신을 멈출 수 있다.

____ D. 숙련 4 : 나는 나의 감정을 처리할 수 없게 되기 전에 감정적으로 얽힌 일에서 타임아웃을 시행할 수 있다.

____ E. 숙련 5 : 나는 감정의 강도를 낮추기 위해서 즉각적인 이완기법을 사용할 수 있다.

____ F. 숙련 6 : 나는 심호흡을 하면서 내가 느끼는 감정을 인식할 수 있다.

____ G. 숙련 7 : 나는 내가 느끼는 것을 묘사할 단어를 찾을 수 있고, 필요할 때 감정의 목록을 사용할 수 있다.

____ H. 숙련 8 : 나는 10점 척도를 사용하여 나의 감정의 강도를 평가할 수 있다.

____ I. 숙련 9 : 나는 의식적으로 "지금 나는 ____을 느끼고 있다. 이런 식으

로 느끼는 것은 괜찮다."고 나에게 말함으로서 나의 감정과 강도를 인식할 수 있다.

___ J. 숙련 10 : 나는 이런 식으로 느끼게 하는 것을 내가 생각하고 있다는 것을 알고 있고 나에게 질문할 수 있다. 나 자신을 기분 좋게 하기 위해서 나는 어떻게 나의 생각을 변화시킬 수 있을까?

___ K. 숙련 11 : 나는 이런 식으로 느끼게 하는 것을 내가 하고 있다는 것을 알고 있고 나에게 질문할 수 있다. 나 자신을 기분 좋게 하기 위해서 나는 어떻게 나의 행동을 변화시킬 수 있을까?

___ L. 숙련 12 : 나는 나 자신을 기분 좋게 하기 위해서 문제를 야기하고 나를 상처주고 남을 상처 주는 충동에 저항할 수 있다.

___ M. 숙련 13 : 나는 나를 돕고 나의 상황을 돕는 것을 하는데 저항을 인식할 수 있고 저항에도 불구하고 나 자신이 그러한 일을 할 수 있게 할 수 있다.

___ N. 숙련 14 : 나는 내 자신을 떠나서 다른 사람들이 느끼는 것을 인식하고 반응할 수 있다.

10. 가장 강한 감정 : 이전 페이지에 질문 8에서 여러분이 알아낸 세 가지 감정을 검토하십시오. 이런 고-위험 상황에서 여러분이 경험한 가장 강한 감정은 무엇인가요?

___

A. 당신이 이런 방식으로 느끼게 만드는 당신의 사고는 무엇인가요?

___

___

B. 당신이 다른 방식으로 느끼게 만들 수 있는 다른 사고방식은 무엇인가요?

___

C. 당신이 이런 방식으로 느끼게 만드는 당신의 행동은 무엇인가요?

D. 당신이 다른 방식으로 느끼게 만드는 다른 행동 방식은 무엇인가요?

11. 두 번째 강한 감정 : 이전 페이지에 질문 8에서 당신이 알아낸 세 가지 감정을 검토하십시오. 이런 고-위험 상황에서 당신이 경험한 두 번째로 강한 감정은 무엇인가요 ?

A. 당신이 이런 방식으로 느끼게 만드는 당신의 사고는 무엇인가요?

B. 당신이 다른 방식으로 느끼게 만들 수 있는 다른 사고방식은 무엇인가요?

C. 당신이 이런 방식으로 느끼게 만드는 당신의 행동은 무엇인가요?

D. 당신이 다른 방식으로 느끼게 만드는 다른 행동 방식은 무엇인가요?

12. **세 번째 강한 감정** : 이전 페이지에 질문 8에서 당신이 알아낸 세 가지 감정을 검토하십시오. 이런 고-위험 상황에서 당신이 경험한 세 번째로 강한 감정은 무엇인가요 ?

A. 당신이 이런 방식으로 느끼게 만드는 여러분의 사고는 무엇인가요?

B. 당신이 다른 방식으로 느끼게 만들 수 있는 다른 사고방식은 무엇인가요?

C. 당신이 이런 방식으로 느끼게 만드는 당신의 행동은 무엇인가요?

D. 당신이 다른 방식으로 느끼게 만드는 다른 행동 방식은 무엇인가요?

연습 5-3 : 알콜이나 약물사용을 하게 하는 충동을 관리하기

고–위험 상황은 자주 알코올이나 약물사용의 충동을 야기합니다. 이런 충동과 갈망감이 활성화 되었을 때, 우리는 거의 항상 우리 자신의 두 부분 사이에서 내적인 갈등을 경험합니다. 한쪽 즉 우리의 중독된 자기는 알코올이나 약물사용을 원합니다. 우리의 다른 쪽, 온전한 자기는 알코올이나 약물사용 없이 상황을 관리하기를 원합니다. 이 연습은 여러분의 양면을 탐색하는데 도움을 줄 것입니다.

1. 이 부분의 연습지를 작성하기 전에, 71페이지 연습 5–1로 가서 당신이 관리하기를 배우려고 하는 고–위험 상황의 제목과 설명을 읽어 보십시오.

2. 당신이 고–위험 상황에 있을 때, 여러분은 어떤 충동을 갖게 됩니까?

____
____
____
____

3. 알코올이나 약물사용을 원하는 마음이 있나요? 그 부분에 대해서 말해주십시오.

____
____
____
____

4. 알코올이나 약물사용 없이 상황을 관리하고자 하는 당신의 다른 마음이 있나

요? 그 마음에 대해서 말해주십시오.

5. 당신이 고-위험 상황을 좀더 효과적으로 다루기를 원한다면 당신은 여러분의 어떤 마음에 귀 기울일 필요가 있나요? 그 이유는 무엇인가요?

연습 5-4 : 알코올이나 약물사용을 하게 하는 행동을 관리하기

1. 이 부분의 연습지를 작성하기 전에, 72페이지 연습 5-1로 가서 여러분이 관리하는 법을 배우고 있는 고-위험 상황의 제목과 설명을 읽어 보십시오.

2. 이런 고-위험 상황을 유념하고서 이런 고-위험 상황을 잘 못 다루게 되는 다음의 자기 파괴적 행동 목록을 읽어보십시오. 이런 상황에서 여러분이 가장 잘 사용하는 행동을 체크하십시오.

□ 1. 꾸물거리기 : 나는 지금 그것을 하지 못하는 이유나 변명을 찾으면서 고-위험 상황을 다루는 것을 연기한다.

□ 2. 나 자신을 분산시키기 : 다른 일에 너무 바빠서 상황을 다루는 것에 집중하지 못한다.

□ 3. 그것은 중요하지 않다고 말하기 : 나는 고-위험 상황을 효과적으로 다루는 것보다 다른 일이 더 중요하다고 나 자신을 확신시킨다.

□ 4. 나는 치료되었다고 생각하기 : 나는 지금이 좋고 알코올이나 약물사용 문제가 없기 때문에 이런 고-위험 상황을 어떻게 다루는지를 배울 필요가 없다고 나 자신을 확신시킨다.

□ 5. 얼간이 노릇하기 : 이 상황을 더 효과적으로 관리할 필요성이 있다는 것을 잘 알지라도, 혼란에 빠진 것처럼 있다가 관리할 필요성에 대해 이해할 수 없었다고 확신시킨다.

□ 6. 압도되기 : 나는 두려워지고 공포상태에 빠지게 된다. 나는 좀 더 효과적으로 고-위험 상황을 어떻게 관리하는가를 배울 수 없는 변명으로 나의 공포를 사용한다.

□ 7. 무기력하게 행동하기 : 나는 너무 약하고 무기력해서 좀 더 효과적으로 상황을 다룰 수 없는 것처럼 행동한다.

□ 8. 빨리 고치기를 원하기 : 나는 내가 빠르고 쉽게 그리고 좀더 효과적으로 고-위험 상황을 관리하는 법을 배울 수 있다는 확신을 받기를 원한다. 확신 받지 않으면 나는 시도조차 않겠다.

3. 당신이 알코올이나 약물사용을 하게 만드는 이런 종류의 고-위험 상황에서 당신이 하게 되는 세 가지 자기 파괴적 행동은 무엇인가요? 당신은 처음에는 위의 것을 이용해서 자기 파괴적 행동을 사용할 수 있습니다. 하지만 당신 자신의 말로 여러분이 쓰는 것이 중요합니다.

A. 자기 파괴적 행동 1 :

____

____

• 당신이 알코올이나 약물사용을 멈추게 할 수 있는 다른 방식의 행동은 무엇인가요?

____

____

____

____

B. 자기 파괴적 행동 2 :

____

____

• 당신이 알코올이나 약물사용을 멈추게 할 수 있는 다른 방식의 행동은 무엇인가요?

____

____

____

C. 자기 파괴적 행동 3 :

• 당신이 알코올이나 약물사용을 멈추게 할 수 있는 다른 방식의 행동은 무엇인가요?

4. 이런 자기 파괴적인 행동을 할 때....

A. 다른 사람들의 어떤 반응이 당신으로 하여금 더욱 더 알코올이나 약물사용을 하도록 만듭니까?

B. 다른 사람들의 어떤 반응이 당신으로 하여금 더욱 더 알코올이나 약물사용으로부터 멀어지도록 도움을 주나요?

C. 당신은 고-위험 상황에 들어갈 때, 당신이 알코올과 약물사용으로부터 멀어지도록 다른 사람들이 돕도록 하기 위해서 여러분이 무엇을 할 수 있나요?

연습 5-5 : 고-위험 상황에 대한 개인적인 반응을 다루기

이 연습은 여러분이 5-1부터 5-5까지 작성하면서 배운 모든 것을 여러분이 연결할 수 있도록 도움을 줄 것입니다.

1. 이 부분의 연습지를 작성하기 전에 70페이지에 있는 연습 5-1로 돌아가서 여러분이 어떻게 다루어야 할지 배웠던 고-위험 상황의 제목과 설명을 읽어보십시오. 다음에 연습 5-1에서 5-4까지의 모든 질문에 대한 답을 검토해 보십시오. 여러분의 대답에서 여러분이 실제로 말하고 있는 것이 무엇인가를 시간을 가지고 되돌아보십시오. 각각의 질문에 대한 답이 여러분의 다른 모든 답들과 연결된다는 것을 어떻게 느낄 수 있는지를 살펴보십시오. 아래 표에 있는 질문에 답을 작성해 주십시오.

2. 고-위험 상황 시에 여러분은 무엇을 생각합니까?	2-a. 알코올이나 약물사용없이 여러분이 고-위험 상황을 다룰 수 있게 하는 다른 사고방식은 무엇입니까?
3. 고-위험 상황 시에 여러분은 무엇을 느끼나요?	3-a. 알코올이나 약물사용없이 여러분이 고-위험 상황을 다룰 수 있도록 그런 감정을 다루는 다른 방법이 무엇입니까?

4. 고-위험 상황 시에 여러분은 무엇을 할 욕구를 가지나요?	4-a. 알코올이나 약물사용없이 여러분이 고-위험 상황을 다룰 수 있도록 그런 욕구를 다루는 다른 방법이 무엇입니까?
5. 여러분이 고-위험 상황에 있을 때, 여러분은 흔히 무엇을 합니까?	5-a. 알코올이나 약물사용없이 여러분이 고-위험 상황을 관리할 수 있도록 어떻게 다른 사람에게 요청할 수 있을까요?
6. 여러분이 고-위험 상황에 있을 때, 다른 사람이 어떤 반응을 보이나요?	6-a. 알코올이나 약물사용없이 여러분이 고-위험 상황을 다룰 수 있도록 여러분이 다른 사람에게 유도할 수 있는 것은 무엇입니까?

7. 배운 것 중에서 가장 중요한 것 : 연습지를 작성하면서 당신이 배운 가장 중요한 것은 무엇인가요?

연습 6. 회복 계획을 세우기

매일 그리고 매주마다 일정한 계획을 세움으로써 여러분은 회복하는데 그리고 재발을 방지하는 데 도움이 될 것입니다. 성공적으로 회복한 사람들은 기본적으로 중요한 무엇인가를 행하고 있습니다. 이러한 회복의 원칙들이 명백히 존재합니다. AA(익명의 알코올중독자) 모임엔 그들이 실천하고 있는 다음과 같은 강한 믿음이 있는데, 단주 의지가 강한 많은 사람들이 말하길 "우리가 얻은 회복을 원한다면, 우리가 행했던 것들을 행하라." 그리고 "여러분이 그것을 실천한다면 얻을 것이다."

그러나 회복기의 모든 환자가 정확히 같은 일들을 행하지는 않습니다. 우선 여러분이 여러분 자신과 회복기의 기본적인 원칙, 그리고 고-위험 상황을 이해한다면, 여러분은 자신들을 위한 효과적인 개인적 계획을 세울 수 있습니다.

여러분이 효과적인 회복 계획을 어떻게 개발하는지에 대해 처음 읽을 때, 여러분은 방어적이 될 수 있습니다. "나는 그러한 모든 것들을 할 수 없다."고 자신에게 말할 수 있습니다.

나는 여러분이 마치 그랜드 캐넌 여행자이며 거기서 약 폭이 3피트, 깊이가 100피트가 되는 계곡을 넘어야 하는 사람이라는 것을 상상하며 여러분의 회복에 대해 언급하고자 합니다. 1인치씩 짧게 건너가 생길 수 있는 위험보다는 멀리 3피트로 건너가는 것이 더 좋습니다. 회복도 같은 방식으로 적용됩니다. 충분히 행하지 않는 것보다 또 여러분이 필요성을 느낀 정도의 행함보다는 좀 더 많이 행하는 계획을 세우는 것이 더 낫습니다. AA에서 그들이 말하길 "절반의 조치는 우리에게는 아무런 쓸모가 없었다! 우리는 반환점에 서 있었다."

다음 연습에서 설명된 기본적인 회복 훈련 원칙은 실제로 좋은 습관 건강한 삶입니다. 책임감 있고, 건강하고, 충실한 삶을 살기 원하는 사람은 누구나 규칙적으로 이러한 일을 행하는 습관이 되어야 합니다. 회복중인 사람들에 있어서, 매일 이러한 원칙을 훈련하는 것은 필수적입니다. 회복 충족에 여러분 자신만의 목록에 적합하게 설계된 정규적인 일상생활 고-위험 상황은 회복으로 가는 회복 상태의 재발을 예방하는데 있어 필요한 것들입니다.

연습 6-1 : 바람직한 회복 활동

아래의 회복 활동의 목록을 읽고, 여러분의 회복에 도움이 될 만한 활동 일상적인 관점에서 그것들을 하는데 직면하게 되는 장애물들, 그러한 장애물들을 극복하는 여러분의 의지를 확인 하십시오.

1. 전문가와 상담 : 여러분의 회복에 대한 성공은 회복교육 회기, 집단치료 회기, 그리고 각 개인치료 회기의 정규적인 참석여부에 달려 있습니다. 치료 효과에 대한 연구 자료에 따르면, 여러분이 회복의 첫 2년 동안 전문가와 상담 및 치료에 많은 시간을 할애하면 할수록 회복 상태를 유지할 가능성이 더 높다고 합니다.

   A : 내가 이런 전문가와 상담이 필요하다고 진정으로 여기십니까?

   □ 예　　□ 아니오　　□ 잘 모르겠음.

   B : 내가 이런 전문가와 상담을 하는데 방해가 되는 장애물은 :

   ____

   ____

   C : 이러한 장애물을 극복할 수 있는 가능한 방법들은 :

   ____

   ____

   D : 내가 이런 치료 계획에 참여할 수 있습니까?

   □ 예　　□ 아니오　　□ 잘 모르겠음.

2. 자조 프로그램 : 온전하고 책임 있는 삶을 살아가고자 애쓰는 여러분을 지지

하는 익명의 알코올중독자(AA), 익명의 마약중독자(NA), 합리적인 회복(Rational Recovery, RR), 온전함을 위한 여성 집단(Women for Sopriety) 같은 수많은 자조 프로그램이 있습니다. 이러한 프로그램에는 몇 가지 중요한 공통점이 있습니다.

(1) 그들은 여러분이 알코올이나 약물을 사용하지 않고 책임있는 삶을 살아가기를 요구합니다.

(2) 그들은 여러분에게 정규적으로 모임에 참석해서 온전하고 책임있는 삶을 살아가고 있는 다른 사람들과 만나서 관계를 형성할 것을 격려합니다.

(3) 그들은 여러분에게 그 집단의 회복된 구성원(흔히 후원자라고 불림)과 정규적인 만남을 권할 것입니다. 이 후원자는 여러분이 조직에 관해 알아 가는데, 그리고 여러분의 험난한 어려움으로부터 잘 빠져나가도록 도와줄 것입니다.

(4) 그들은 회복의 프로그램(종종 집단의 모임에 도움이 되는 단계나 구조적 연습의 형태로)을 촉진시킵니다. 이 회복의 프로그램은 여러분의 사고, 감정 관리, 욕구 관리 그리고 행위에 초점을 맞추고 있습니다. 연구 자료에 의하면 회복의 첫 2년 동안 여러분이 자조 모임에 훨씬 더 자주 참여하고 활동적으로 관여할수록 여러분이 재발을 피할 수 있는 능력은 그만큼 더 커진다고 합니다.

A : 내가 이런 자조모임 참석이 진정으로 필요하다고 여기십니까?

☐ 예 ☐ 아니오 ☐ 잘 모르겠음.

B : 내가 이런 자조모임을 참석하는데 방해가 되는 장애물은 :

____

____

C : 이러한 장애물을 극복할 수 있는 가능한 방법들은 :

D : 내가 이런 치료 계획에 참여할 수 있습니까?

□ 예 □ 아니오 □ 잘 모르겠음.

3. 적절한 식이요법 : 여러분이 무엇을 먹느냐는 것도 여러분이 어떻게 생각하고, 느끼고, 행동할 것인지에 영향을 미칩니다. 많은 화학약물에 의존된 사람들은 그들이 매일 균형 잡힌 식이를 한다면 훨씬 더 좋아질 수 있습니다. 균형 잡힌 식이란 비타민이나 아미노산 등의 첨가물을 섭취하되, 백색 밀가루로 만든 식품이나 당분 섭취는 피하며, 흡연을 줄이거나 중단하며, 커피나 콜라와 같은 카페인이 포함된 음료를 피하라는 것입니다. 이러한 건강한 식이와 식사 계획의 원칙을 따르지 않는 회복중인 환자들은 불안해지고 우울해지기 쉬우며, 심하고 강렬한 기분 변화를 경험해서 항상 화가 나고 짜증이 나며, 주기적으로 강력한 음주에 대한 갈망감을 경험합니다. 그들은 쉽게 재발하는 경향이 있습니다. 적절한 식이요법을 실천하는 사람들은 훨씬 기분이 편안함을 느끼고 재발율도 떨어집니다.

A : 내가 이런 적절한 식이가 필요하다고 여기십니까?

□ 예 □ 아니오 □ 잘 모르겠음.

B : 내가 이런 적절한 식이요법을 하는데 방해가 되는 장애물은 :

C : 이러한 장애물을 극복할 수 있는 가능한 방법들은 :

D : 내가 이런 치료 계획에 참여할 수 있습니까?

□ 예 □ 아니오 □ 잘 모르겠음.

4. **운동 프로그램** : 매일 30분간의 유산소 운동은 여러분의 뇌를 맑게 해주고 훨씬 기분이 더 나아지는데 도움이 될 것입니다. 빨리 걷기, 조깅, 수영 등 이러한 유산소 운동 프로그램은 도움이 됩니다. 또한 근력강화 운동(역도)이나 이완 운동(스트레칭)도 유산소 운동과 더불어 도움이 됩니다.

A : 내가 이런 운동 프로그램이 필요하다고 여기십니까?

□ 예 □ 아니오 □ 잘 모르겠음.

B : 내가 이런 운동 프로그램을 하는데 방해가 되는 장애물은 :

C : 이러한 장애물을 극복할 수 있는 가능한 방법들은 :

D : 내가 이런 치료 계획에 참여할 수 있습니까?

□ 예 □ 아니오 □ 잘 모르겠음.

5. **스트레스 관리 프로그램** : 스트레스는 재발의 주된 원인입니다. 스트레스를 다루는 방법을 알고 있는 회복중인 사람들은 회복상태로 지속적으로 유지하는 경향이 있습니다. 그러한 사람들은 재발하지 않는 경향이 있습니다. 스트레스 관리란 이완 훈련을 배우는 것과 이완 목적으로 매일 조용한 시간을 갖

는 것을 포함합니다. 장기간의 작업을 피하거나 레크리에이션(오락)이나 이완을 위한 시간을 갖는 것도 중요합니다.

A : 여러분에게 이런 훈련 프로그램이 필요하다고 여기십니까?

☐ 예　　☐ 아니오　　☐ 잘 모르겠음.

B : 여러분이 이런 훈련 프로그램을 하는데 방해가 되는 장애물은 :

____

____

C : 이러한 장애물을 극복할 수 있는 가능한 방법들은 :

____

____

D : 여러분은 이런 치료 계획에 참여할 수 있습니까?

☐ 예　　☐ 아니오　　☐ 잘 모르겠음.

6. **영적 발달 프로그램** : 인간은 신체적인 자기(뇌와 신체의 건강에 근거를 둔)와 비신체적인 자기(우리의 가치체계와 영적인 삶에 근거를 둔)를 가지고 있습니다. 대부분 회복중인 사람들은 그들이 영적으로 자신들을 발달시키는데, 다른 말로 표현하면 현재 자신들의 비신체적인 면을 훈련하는데 일정한 시간을 투자할 필요가 있다고 생각합니다. AA와 같은 12단계 프로그램은 믿음과 영적인 프로그램의 많은 단체처럼 영적인 성장(회복)에 훌륭한 프로그램입니다. 어떤 영적인 프로그램이든지 핵심적인 3가지 활동이 있습니다.

(1) 친교(fellowship) : 여러분이 유사한 영적인 방법을 사용하는 다른 사람들과 대화하는데 시간을 보낼 때

(2) 사적인 기도와 명상(Private Prayer and Meditation) : 여러분이 홀로 기도

나 명상을 하려고 할 때나 여러분의 보이지 않는 강력한 힘이 있다고 여길 때, 그리고 의식적으로 여러분의 영적인 자기에 대해 곰곰이 생각할 때

(3) 집단 숭배(Group Worship) : 여러분이 유사한 영적인 철학을 가지는 다른 사람들과 기도를 하거나 명상을 하려고 할 때

A : 당신에게 이런 훈련 프로그램이 필요하다고 여기십니까?

☐ 예 ☐ 아니오 ☐ 잘 모르겠음.

B : 당신이 이런 훈련 프로그램을 하는데 방해가 되는 장애물은 :

____

____

C : 이러한 장애물을 극복할 수 있는 가능한 방법들은 :

____

____

D : 당신은 이런 치료 계획에 참여할 수 있습니까?

☐ 예 ☐ 아니오 ☐ 잘 모르겠음.

7. **아침과 저녁 목록** : 재발을 피하거나 성공적으로 회복하는 사람들은 어떻게 해서 자동적이고 무의식적인 자기 파괴적 반응을 막을 수 있는 지에 대해 배웁니다. 그들은 그날 매일 그들이 하고 있는 것과 그들 행위의 결과에 대한 인식과 책임을 가지면서 의식적으로 사는 것을 배웁니다. 의식적으로 인식된 상태로 머물기 위해서 그들은 매일 아침 그날의 계획을 세우는 시간을 갖습니다. 이것을 아침 계획 목록(A Morning Planning Inventory)이라고 부릅니다. 그들은 또한 매일 저녁 그들의 진전된 모습이나 문제점들을 검토하는 시

간을 갖습니다. 이것을 저녁 검토 목록(An Evening Review Inventory)이라고 부릅니다. 그들은 회복 프로그램에 관여된 다른 사람들과 그들 자신에 대해 알았던 것들을 토론합니다.

A : 당신에게 이런 훈련 프로그램이 필요하다고 여기십니까?

□ 예 □ 아니오 □ 잘 모르겠음.

B : 당신이 이런 훈련 프로그램을 하는데 방해가 되는 장애물은 :

____

____

C : 이러한 장애물을 극복할 수 있는 가능한 방법들은 :

____

____

D : 당신은 이러한 치료 계획에 참여할 수 있습니까?

□ 예 □ 아니오 □ 잘 모르겠음.

연습 6-2 : 회복 활동 계획 세우기

지침 : 다음 페이지의 매주 계획안을 통해 여러분은 매주 회복 활동 계획을 작성할 것입니다. 일상의 주제를 생각해보고, 여러분은 매일의 조정된 시간에 정규적인 계획안에 세운 회복 활동에 참여합니다. 회복 활동은 그 날의 계획된 시간에 행하는 특별한 것입니다. 만약 여러분이 정해진 시간에 매일의 계획안처럼 행동을 취하지 않는다면 그것은 회복 활동이 아닙니다. 대부분의 사람들은 매일 한개 이상의 정해진 회복 활동을 더 많이 가질수록 도움이 된다는 것을 알게 됩니다.

작업 지 : 주 계획표

	일요일	월요일	화요일	수요일	목요일	금요일	토요일
6:00 AM							
6:30 AM							
7:00 AM							
7:30 AM							
8:00 AM							
8:30 AM							
9:00 AM							
9:30 AM							
10:00 AM							
10:30 AM							
11:00 AM							
11:30 AM							
12:00 Noon							
12:30 PM							
1:00 PM							
1:30 PM							
2:00 PM							
2:30 PM							
3:00 PM							
3:30 PM							
4:00 PM							
4:30 PM							
5:00 PM							
5:30 PM							
6:00 PM							
6:30 PM							
7:00 PM							
7:30 PM							
8:00 PM							
8:30 PM							
9:00 PM							
9:30 PM							
10:00 PM							
10:30 PM							

연습 6-3 : 회복 활동 계획 검증하기

1. 연습 5-5를 확인해 보십시오 : 고-위험 상황에 대한 개인적 반응을 다루기. 여러분의 회복프로그램을 통해 여러분이 확인하고, 다루는데 도움이 되도록 주된 고-위험 상황에 대해 생각해 보십시오. 고-위험 상황과 관련된 여러분의 주제와 내용은 무엇이었습니까? 이런 고-위험 상황에 처했을 때, 여러분이 가졌던 사고, 감정, 충동 행동은 무엇이었습니까? 알코올이나 다른 약물을 사용하게 만드는 이런 고-위험 상황을 다루기 위해 여러분이 발전시켜야 할 새로운 사고나 행동은 무엇입니까? 여러분이 답안에 진실로 말했던 것을 곰곰이 생각해 보십시다.

2. 여러분의 주 계획표를 확인해 보십시오. 여러분이 이러한 고-위험 상황을 다루는데 도움이 되는 가장 중요한 회복 활동은 무엇입니까? 다음 줄에 그런 회복활동을 써 보십시오.

____

A. 여러분은 향후에 일어나는 이러한 고-위험 상황을 확인하는데 도움이 되는 이러한 회복 활동을 어떻게 사용할 것 입니까? (우리는 알코올이나 또는 다른 약물을 사용하고자 하는 충동이 생기는 느낌이 온 후에 대부분의 고-위험 상황을 인식합니다. 정규적으로 계획된 회복활동의 목적은 매일 일정한 시간에 우리의 생활상에 대해 생각해 보거나 우리가 그것들을 어떻게 잘 다루는지를 발전시키는 것입니다.)

____

____

____

B. 만약에 여러분이 이러한 고-위험 상황을 다시 경험한다면 여러분은 그것

을 다루기 위해 이러한 회복 활동을 어떻게 사용할 수 있습니까? (고-위험 상황을 다룬다는 것은 여러분의 사고, 감정, 행동을 바꾸는 것을 의미함을 기억하십시오. 여러분이 알코올이나 다른 약물을 사용하게 만드는 것을 멈추거나, 사고를 중단하도록 이런 회복활동이 어떻게 도움이 됩니까? 여러분이 맑고, 온전한 정신상태로 되기 위해 행동하게끔 하거나 생각하도록 하는 이러한 회복활동이 어떻게 도움이 됩니까?)

3. 여러분의 매주 생활계획표를 다시 한 번 확인해 보십시오. 여러분이 이러한 고-위험 상황을 다루는데 도움이 되는 두 번째로 가장 중요한 회복 활동은 무엇입니까?

   A. 향후에 발생되는 이러한 고-위험 상황을 여러분이 확인하는데 도움이 되는 이러한 회복 활동을 여러분은 어떻게 사용하겠습니까?

   B. 만약에 여러분이 이러한 고-위험 상황을 경험하게 된다면 여러분은 그것을 다루기 위해 이런 회복 활동을 어떻게 사용하겠습니까?

4. 여러분의 매주 계획서를 마지막으로 확인 하십시오. 여러분이 이러한 고-위험 상황을 다루는데 도움이 되는 세 번째로 가장 중요한 회복 활동은 무엇입니까?

A. 향후에 발생되는 이러한 고-위험 상황을 여러분이 확인하는데 도움이 되는 이러한 회복활동을 여러분은 어떻게 사용하겠습니까?

B. 만약에 여러분이 이러한 고-위험 상황을 경험하게 된다면 여러분은 그것을 다루기 위해 이런 회복 활동을 어떻게 사용하시겠습니까?

5. 고-위험 상황이 발생되었을 때, 여러분이 이런 고-위험 상황을 확인하고 다루는데 도움이 되는데 좀더 효과적이라고 여겨지는 다른 회복 활동은 무엇입니까?

연습 6-4 : 고-위험 상황을 다루는데 매일 계획 사용하기

지침 : 고-위험 상황을 어떻게 다루는 지를 배울 때, 의식적으로 매일 계획의 필요성을 인식하는 것이 중요합니다. 우리는 의식적으로 매일의 계획에 대해 생각하지 않아 종종 고-위험 상황에 빠지게 됩니다. 매일 계획을 사용함으로써, 우리는 항상 고-위험 상황에 대해 인식할 수 있고, 그것들이 발생되었을 때 고-위험 상황 등을 어떻게 다룰지를 의식적으로 결정할 수 있습니다.

매일 계획을 세우는 가장 효과적인 방법은 매일 아침 아침 계획 목록(Morning planning Inventory)과 잠자기 전 매일 밤 저녁 점검 목록(Evening Review Inventory)을 작성하는 것입니다. 아침 계획 목록은 15분 정도 소요됩니다. 그것을 통해 여러분은 낮 일과를 계획하거나 회복활동을 계획 세우는데 있어, 경험하게 될지도 모르는 어떤 경고 사인을 인식하는데 도움이 됩니다. 저녁 점검 목록도 역시 15분 정도 소요됩니다. 그것을 통해 여러분의 낮 일과의 활동을 검토하고, 회복 프로그램을 얼마나 잘해 왔는지 평가해 보고 여러분이 경험할 수도 있는 어떤 재발 경고 사인을 인식하는데 도움이 됩니다. 그것은 또한 여러분이 낮 동안 발생했던 것을 다루는데 지지 혹은 도움이 필요한지를 결정하는데 도움이 됩니다.

다음의 양식은 여러분의 아침 계획과 저녁 점검 목록 관련 권고 양식입니다. 이러한 양식을 복사해서 매일 사용하십시오.

아침 계획 목록 사용하기

지침 : 매일 아침 여러분의 가장 중요한 목표를 기록 하십시오 : 첫 번째 단에 오늘 수행하기로 계획된 회복 작업을 기입하시고, 그 다음 여러분이 수행하기로 계획한 다른 일상의 업무를 기입하십시오. 두 번째 단에는 여러분이 각각 회복작업이나 일상의 작업을 수행하는데 걸리는 시간을 배정하십시오.

오늘의 주된 목표 : 요일 :________ 날짜 :________

☐ 1.

☐ 2.

☐ 3.

☐ 4.

☐ 5.

회복 업무	오늘 시간 계획
☐ 1.	6:00-7:00
☐ 2.	7:00-8:00
☐ 3.	8:00-9:00
☐ 4.	9:00-10:00
☐ 5.	10:00-11:00
오늘 업무	11:00-12:00
☐ 1.	12:00-1:00
☐ 2.	1:00-2:00
☐ 3.	2:00-3:00
☐ 4.	3:00-4:00
☐ 5.	4:00-5:00
☐ 6.	5:00-6:00
☐ 7.	6:00-7:00
☐ 8.	7:00-8:00
☐ 9.	8:00-9:00
☐ 10.	9:00-10:00
☐ 11.	기 록
☐ 12.	
☐ 13.	
☐ 14.	
☐ 15.	

연습 6-5 : 저녁 점검 목록 사용하기

지침 : 여러분이 잠들기 전 매일 저녁 여러분의 아침 계획을 점검하고 아래의 질문에 답하십시오.

1. 개인적인 그리고 직장업무에서의 진전

당신은 오늘 개인적인 그리고 직장 업무에서의 목표를 달성하는데 진전이 있었나요?

□ 예　　□ 아니오　　□ 잘 모르겠음

당신은 그런 진전에 대해 어떻게 느끼나요?

____

____

____

2. 개인적인 그리고 직장생활에서의 문제들

당신은 오늘 당신 자신의 그리고 전문적인 문제들을 해결에 진전이 있었나요?

□ 예　　□ 아니오　　□ 잘 모르겠음

당신은 그러한 문제에 대해 어떻게 느끼나요?

____

____

____

3. 고-위험 상황

당신은 고위험 상황을 경험했나요?

□ 예　　□ 아니오　　□ 잘 모르겠음

만약에 "예"라고 답했으면, 당신이 경험했던 상황을 간단히 설명하십시오.

이러한 어떤 고-위험 상황에서 알코올이나 또는 다른 약물을 사용하고 싶다고 생각했나요?

□ 예　　□ 아니오　　□ 잘 모르겠음

당신은 이러한 고-위험 상황을 다루기 위해 무엇을 해야할까요?

당신은 이러한 고-위험 상황을 어떻게 느끼고 그러한 것들을 어떻게 다루어야 할까요?

4. 외부 도움 필요성에 대한 판단

내가 누군가에게 오늘 일어난 사건에 대해 말하고 싶습니까?

□ 예　　□ 아니오　　□ 잘 모르겠음

나는 내가 오늘 경험했던 고-위험 상황에 대해 외부로부터 도움이 필요합니까?

□ 예　　□ 아니오　　□ 잘 모르겠음

내가 외부의 도움이 필요하다고 여길 때 내가 경험하는 감정은 어떻습니까?

연습 7. 고-위험 상황을 관리하는 기술에 대해 평가하기

지침 : 이 훈련의 궁극적 목적은 고-위험 상황에서 알코올이나 다른 약물을 사용하지 않고 그 상황을 관리할 수 있는 여러분의 능력이 어느 정도인가를 평가하는 것입니다. 이러한 평가는 여러분의 강점과 약점 영역을 확인하는 데 도움이 되고 고-위험 상황을 다루는 여러분의 전반적인 기술을 향상시킬 수 있을 것입니다.

아래의 각 문장들을 읽고 이러한 훈련에 참가하기 전 여러분의 기술 수준을 평가하고, 훈련을 마친 후 여러분의 현재 기술 수준을 평가하십시오.

1. 이 워크북을 완수함으로써 여러분이 가장 성취하고자 하는 일차적인 목표는 무엇입니까?

____

____

2. 여러분의 목표 성취 수준은 어느 정도입니까?
   □ 완전히 성취됨 □ 부분적으로 성취됨 □ 전혀 성취되지 못함

   여러분은 왜 이런 식으로 평가했습니까?

   ____

   ____

3. 이 워크북을 완수함으로써 여러분 자신에 대해 배운 가장 중요한 것은 무엇입니까?

____

---

4. 여러분이 배운 것에 대한 결과로서 앞으로 여러분은 어떻게 다르게 행동할 것입니까?

---

5. 다음의 질문들은 고-위험 상황을 성공적으로 관리할 수 있는 여러분의 능력을 평가하는 데 도움이 될 것입니다.

기술 1 : **단주/단약에 대해 서약하기** : 나는 내가 치료받을 수밖에 없었던 문제들을 살펴보고 그러한 문제들과 알코올이나 약물사용과의 관계를 명확히 이해하고 그러한 문제들에도 불구하고 알코올이나 약물을 지속적으로 사용할 때 나타날 수 있는 논리적인 결과에 대해 이해함으로써 알코올이나 약물사용을 그만두겠다는 강력한 서약을 할 수 있고, 유지할 수 있다.

*단주/단약에 대한 서약의 수준

이전 : (0–10)________ 이후 : (0–10)________

기술 2 : **재발이 일어난다면 신속하게 재발 중단을 계획하기** : 만약 내가 알코올이나 다른 약물사용을 시작했다면, 나의 상담사가 할 일, 내가 할 일, 내 삶의 중요한 사람들이 할 일을 명확히 정의함으로써, 재발을 신속하게 멈출 수 있는 계획을 세울 수 있다.

*나의 재발중재계획의 강도 :

이전 : (0–10)________ 이후 : (0–10)________

기술 3 : **고-위험 상황을 확인하기** : 나는 고-위험 상황 목록을 읽고, 가까운 미래에 내가 경험할 수 있는 고-위험 상황을 확인하고, 각각의 고-위험 상황에 대한 개인적 제목과 설명을 씀으로써, 단주/단약에 대한 서약에도 불구하고 내 자신을 알코올이나 약물을 사용하도록 유인할 수 있는 고-위험 상황을 확인할 수 있다.

*고-위험 상황을 확인하는 나의 기술

이전 : (0–10)________ 이후 : (0–10)________

기술 4 : **고-위험 상황을 그려보고 관리하기** : 나는 결국 알코올이나 약물사용을 하게 되었던 과거의 고-위험 상황과 알코올이나 약물사용을 하지 않고 지나갔던 고-위험 상황, 그리고 가까운 미래에 내가 경험할 수도 있는 고-위험 상황을 묘사하는 상황 지도(situation mapping)를 사용할 수 있다.

*고-위험 상황 묘사에 대한 나의 기술 :

이전 : (0–10)________ 이후 : (0–10)________

기술 5 : **고-위험 상황에 대한 개인적 반응을 변화시키기** : 과거에 고-위험 상황을 내가 잘못 다루도록 이끌었던 사고, 감정, 충동, 행동, 그리고 사회적 반응들을 나는 확인하고 다룰 수 있다.

*고-위험 상황에 대한 나의 개인적인 반응을 변화시키는 기술 :

이전 : (0–10)________ 이후 : (0–10)________

기술 6 : **회복 계획을 세우기** : 나는 나의 고-위험 상황을 확인하고 관리하는데 도움이 되고 재발이 발생했을 때 재빨리 중재할 수 있는 회복 활동 계획을 세울 수 있다.

*고-위험 상황에서 회복 계획을 사용하는 나의 기술 :

이전 : (0–10)________ 이후 : (0–10)________

고-위험 상황을 관리하는 전반적 기술 : 재발 위험이 증가하는 고-위험 상황을 관리하는 여러분의 전반적 능력에 있어서의 변화를 어떻게 평가합니까?

*기술 수준 :

이전 : (0-10)________ 이후 : (0-10)________

*기술 수준에 있어서 여러분의 변화를 왜 이렇게 평가하셨습니까?

____

____

____

____

연습은 여기서 마칩니다.

맺음말

축하합니다! 여러분은 이제 고-위험 상황을 확인하고 다루는 방법을 배우는데 시간과 에너지를 투자한 회복중인 성장 집단의 대열에 합류하였습니다. 이 워크북에서 여러분이 배운 임상적 연습들은 재발을 야기하는 고-위험 상황을 확인하고 관리하는 것을 돕는데 즉각적으로 사용될 수 있습니다. 희망하건데 여러분의 회복 과정에서 경험하게 될 많은 문제들에 적용될 수 있는 문제 해결 시스템을 여러분 자신의 것으로 받아들였으면 합니다.

여러분 중 대다수는 자조 프로그램, 상담, 그리고 고-위험 상황 관리 기술을 사용함으로써 충분히 회복될 것입니다. 그러나 어떤 사람들은 이러한 기술들만으로 충분하지 않을 수 있습니다. 특히 여러분 중에서 역기능적 가정에서 양육된 분들은 고-위험 상황을 관리하는 것을 넘어서 재발을 야기시키는 핵심 성격과 생활 스타일 문제를 확인하고 변화시키는 방법을 배울 필요가 있습니다. 여러분이 그렇게 할 수 있도록 도울 수 있는 심리학적 과정이 재발방지 치료입니다. "핵심 성격과 생활 스타일 문제들을 다루기 – 재발방지 치료 워크북"이라는 제목의 워크북을 완수함으로써, 이러한 재발방지 치료를 배우고 여러분의 회복은 다음 단계로 진전할 수 있습니다.

회복이라는 도전은 결코 끝이 없습니다. 일단 여러분이 회복의 과정을 시작한다면 성장하든지 죽든지 둘 중 하나입니다. 그대로 정지된 상태란 없습니다. 회복 기술을 향상시키고 더 정교화 할 것을 매일 여러분 자신에게 서약합니다. 그렇지 않으면 여러분은 자만하게 되고, 무의미감, 불행, 그리고 재발을 향해 서서히 진행하게 됩니다. 여러분은 각자 자신이 가야할 길에 대해서 매일매일 의식적인 선택을 해야 합니다.

여러분이 이 워크북을 완수하고 실생활에서 새로운 기술들을 적용할 때, 일시적인 실패가 발생할 수 있다는 것을 기억하십시오. 그러나 항상 회복으로 되돌아갈 선택을 할 수 있습니다. 회복은 가능합니다. 이 워크북을 완수함으로써, 여러분은 회복을 향상시키고 재발의 위험을 낮추는 커다란 한 걸음을 이미 내딛었고, 시작하였습니다. 여러분의 다음 과제는 배운 그 기술들을 일상생활에서 적용하는 것입니다.

여러분이 고-위험 상황을 확인하고 관리하는 과정에서 어떤 종류의 어려움에라도 직면하게 되면, 여러분은 우리의 웹 사이트인 www.cenaps.com에 접속할 수 있고, 치료 게시판에 질문을 올릴 수 있다는 것을 기억하십시오. 자격을 갖춘 다수의 재발방지 전문가들이 게시판을 점검하고 질문에 답할 것입니다. 여러분은 또한 자신의 경험과 통찰을 다른 사람들과 함께 나눌 수 있습니다.

여러분의 개인적 여행에 행운이 있기를! 저는 짧지만 여러분과 함께 그 길을 걸어온 것이 기쁘고 자랑스럽습니다. 제가 그렇게 할 수 있도록 허락해줘서 감사합니다.

만약 우리가 아름다움에 도달할 힘이 있고, 영혼이 그 값을 치른다면
내일은 다시 새로울 것이다!

– Terence T. Gorski –

부록 1 : 재발방지 계획을 위한 부가적인 자원들

Terence T Gorski와 CENAPS®주식회사는 재발방지에 대한 핵심 기술 팩키지를 개발했다. 이 팩키지는 효과적이고 완성도가 높은 치료를 제공하면서도 들어가는 비용을 줄이기 위해 만들어졌다. 이 시리즈는 약물 중독의 영역에서 재발방지 치료를 선호하게 만든 것과 같은 원리를 적용하고 있는데, 그것은 절차를 단순화하고 능률화시킨 점이고 정신장애와 성격장애의 치료에까지 범위가 확장되었다.

이 시리즈에는 두개의 재발방지 워크북이 포함된다 : "재발방지 상담 워크북"과 "재발방지 치료 워크북"이다. 두개의 워크북은 모두 목표가 정해져 있고, 전략적이며, 효과적이다. 두 워크북을 통해 여러분은 안정적인 회복에서 재발로 이끄는 결정적인 재발 경고 신호들을 확인할 수 있고, 이러한 재발 경고 신호들을 몰고 오는 비합리적 사고들, 감당할 수 없는 감정들, 자기-파괴적인 충동들, 그리고 자기-패배적인 행동들을 확인하고 관리할 수 있다. 여러분은 두 워크북 간의 약간의 차이를 인식해야 한다.

재발방지 상담 워크북은 중요하거나 결정적인 경고 신호를 신속하게 확인하고, 경고 신호를 몰고 오는 비합리적 사고들, 감당할 수 없는 감정들, 자기 파괴적인 충동들에 대해 관리하는 법을 가르쳐 주는 일곱 가지 중요한 임상적 과정들을 제시한다. 이 워크북은 뚜렷한 경고 신호들이나 고-위험 상황을 가지고 있는 초기 회복중인 사람들에게 가장 적합한 상담과정을 제시한다. 그 과정은 보통 7회기에서 14회기에 걸쳐 완수될 수 있다.

재발방지 치료 워크북은 안정, 평가, 경고 신호 확인, 경고 신호 관리 그리고 회복 계획세우기와 같은 다섯 개의 영역으로 나눠진 열다섯 가지의 핵심과정이 제시 된다 : 이 워크북에서는 현재의 재발 경고 신호와 그러한 신호들을 몰고 오는 성격의 핵심적 역동과의 관계를 관련짓는 심리치료 과정이 제공된다. 결국, 이것은 어린 시절 행동 패턴을 기꺼이 검증하고자 하고 할 능력이 있는 그리고 그러한 행동 패턴과 재발의 문제를 관련지을 수 있는 안정적인 회복기에 있는 내담자에게 가장 적절하다. 이러한 과정은 단순한 경고 신호 확인과 관리보다 더 많이 관여하게 되고, 그 과정 중에 확인된 문제의 심각도에 따라 15회기에서 30회기에 걸쳐 완수될 수 있다.

요약하면, 재발방지 상담 워크북은 회복을 위협하는 즉각적인 문제들을 확인하고 명료화하는 빠르고 쉬운 방법이다. 재발방지 치료 워크북은 재발을 야기시키는 자기-파괴적인 행동을 반복적으로 하게 만드는 핵심적인 성격 추동 패턴을 확인함으로써 심도 있는 치료를 원하는 사람들에게 이상적이다.

부가적으로, Terence T Gorski의 재발방지 핵심 기술 패키지는 임상가와 회복중인 사람들에게 다양한 자료들을 제공한다. 다음의 것들이 포함된다.

- staying sober : A Guide for Relapse Prevention. 중독, 회복 그리고 재발방지 영역에서 세계적으로 유명하고 읽기 쉬운 책.
- The Staying Sober Workbook. staying sober에 대한 전통적인 참고 워크북.
- How to Start Relapse Prevention Support Groups. 자조 형식을 통해 탄탄한 회복을 원하는 회복중인 사람들이나 치료자들에게 필수적임.
- The Phases and Warning Signs of Relapse. 재발이 일어나기 전에 그것을 막을 수 있도록 돕는 간략한 설명으로 된 휴대할 수 있는 팜플렛.
- The Staying Sober Recovery Education Modules. 회복과 재발방지를 위한 포괄적이고 즉각적으로 사용할 수 있는 매우 실용적이고 전문적인 교육 프로그램.
- The Recovery and Relapse Videotapes Series. 회복 교육 과정을 지지해주는 강력한 강의 세트. 본인이 직접 치료 회기에 참석하기 힘든 내담자들에게 이상적임.

부록 2 : 고-위험 상황 관리를 위한 치료 계획

Terence T. Gorski에 의해 개발됨. 1982, 1997

1. 문제 제목 : 재발하기 쉬운 고-위험

2. 문제 설명 : 내담자가 알코올이나 다른 약물을 일정기간 동안 끊겠다고 서약했음에도 불구하고, 알코올이나 다른 약물을 사용하도록 유혹하는 즉각적인 수많은 고-위험 상황에 직면할 것이다.

3. 목표 : 내담자는 재발을 야기 시킬 수 있는 즉각적인 고-위험 상황을 확인하고 효과적으로 관리함으로써 단주/단약을 유지할 수 있다.

*시작 날짜 :______ 목표 날짜 :______ 실제 날짜 :______

4. 개입 : 내담자는 다음의 개입들이 수행될 집단치료 및 개인치료 회기, 심리-교육 회기, 지도감독 스터디 모임, 그리고 자조 집단 모임에 참석할 것이다 :

(1) 단주/단약 계약서 : 내담자는 치료기간 동안에 알코올이나 약물을 끊겠다는데 동의할 것이고, 어떤 이유에서건 상담사가 요구할 경우 알코올이나 약물에 대한 불시검사에 응할 것에 동의할 것이다.

완수 정도 : □ 완전한 □ 부분적인 □ 전혀 완수 점수(0-10) :______

노트 :______

(2) 재발의 초기 개입 계획 : 내담자는 재발이 발생할 때 신속히 재발을 멈추기 위해서 내담자, 치료자, 그리고 중요한 주변 사람들의 책임을 설명해 놓은 재발의 초기 개입 계획을 완성할 것이다.

*시작 날짜 : _______ 목표 날짜 : _______ 실제 날짜 : _______

*자원: 재발방지 상담 워크북 : 연습 2 : 만약 재발이 일어난다면 신속하게 재발 중단을 계획하기.

*도움을 줄 수 있는 사람들 : ____________________________

완수 정도 : □ 완전한 □ 부분적인 □ 전혀 완수 점수(0–10) : ______

노트 : ____

(3) 고–위험 상황을 확인하기 : 내담자가 단주/단약을 서약했음에도 불구하고, 다시 알코올이나 다른 약물사용을 야기 시키는 즉각적인 고–위험 상황을 만나게 될 것이고, 고–위험 목록을 검토하고, 자기–감시를 위해 제목과 설명을 적을 것이다.

*시작 날짜 : _______ 목표 날짜 : _______ 실제 날짜 : _______

*자원 : 재발방지 상담 워크북: 연습 3: 고–위험 상황을 확인하기.

*도움을 줄 수 있는 사람들 : ____________________________

완수 정도 : □ 완전한 □ 부분적인 □ 전혀 완수 점수(0–10) : ______

노트 : ____

(4) 고–위험 상황을 그려보고 관리하기 : 내담자는 과거와 미래의 고–위험 상황에 대해 객관적으로 설명하고, 알코올이나 약물사용을 야기 시켰던 잘못된 관리 방식을 설명하고, 새롭고 더 효과적인 관리 전략들을 확인할 것이다.

*시작 날짜 : _______ 목표 날짜 : _______ 실제 날짜 : _______

*자원 : 재발방지 상담 워크북 : 연습 4 : 고-위험 상황을 그려보고 관리하기.

*도움을 줄 수 있는 사람들 : ________________________________

완수 정도 : □ 완전한 □ 부분적인 □ 전혀 완수 점수(0-10) : ______

노트 : ____

(5) 고-위험 상황에 대한 개인적 반응을 변화시키기 : 내담자는 알코올이나 약물을 사용하게 하는 각각의 고-위험 상황을 관리하는 것과 관련된 사고, 감정, 충동, 행동, 그리고 사회적 반응을 확인할 것이고 새롭고 더 효과적인 사고, 감정 그리고 충동 관리 전략, 행동들 그리고 사회적 반응들을 확인할 것이다.

*시작 날짜 : _______ 목표 날짜 : _______ 실제 날짜 : _______

*자원 : 재발방지 상담 워크북: 연습 5 : 고-위험 상황에 대한 개인적 반응들을 관리하기.

*도움을 줄 수 있는 사람들 : ________________________________

완수 정도 : □ 완전한 □ 부분적인 □ 전혀 완수 점수(0-10) : ______

노트 : ____

(6) 회복 계획 세우기 : 내담자는 고-위험 상황에 대한 확인과 단주/단약을 유지하는 데 도움이 되는 회복 활동 계획을 세울 것이다.

*시작 날짜 : _______ 목표 날짜 : _______ 실제 날짜 : _______

* 자원 : 재발방지 상담 워크북 : 연습 6 : 회복 계획 세우기

*도움을 줄 수 있는 사람들 : ________________________________

완수 정도 : □ 완전한 □ 부분적인 □ 전혀 완수 점수(0–10) : ______

노트 : ____

(7) 고–위험 관리 기술에 대한 개인적 평가 : 내담자는 고–위험 상황을 관리하는 현재의 기술에 대해 개인적으로 평가할 것이다.

*시작 날짜 : _______ 목표 날짜 : _______ 실제 날짜 : _______

*자원 : 재발방지 상담 워크북 : 연습 7 : 고–위험 상황을 관리하는 기술에 대해 평가하기.

*도움을 줄 수 있는 사람들 : ______________________________

완수 정도 : □ 완전한 □ 부분적인 □ 전혀 완수 점수(0–10) : ______

노트 : ____

(8) 전반적 반응 : 내담자는 알코올이나 약물을 사용하지 않고 결정적인 고–위험 상황들을 예견하고 확인하고 책임감 있게 관리할 수 있는 전반적인 능력을 개발하였다.

수행의 전반적 수준 : □ 완전한 □ 부분적인 □ 전혀 완수 점수(0–10) : ______

노트 : ____

____

____

____

____

____

부록 3 : 단주/단약 서약 – 집단 보고 형식

1. 드러난 문제들:	2. 알코올이나 약물사용의 관계	3. 알코올이나 약물사용을 중단하지 않았을 때의 결과들
지금 이 시점에서 여러분이 치료받으러 올 수 밖에 없었던 드러나는 문제들은 무엇인가요? (왜 여러분은 지금 치료 받으러 왔나요? 왜 어제오지 않았고, 왜 다음 주에 오지 않고서! 만약 여러분이 지금 치료받으러 오지 않았다면 어떤 일이 일어났을까요? 치료를 받음으로써 여러분이 피할 수 있는 문제들이나 부정적인 결과들은 무엇인가요?)	여러분의 알코올이나 약물사용과 관련해서 각각의 문제들이 어떻게 드러납니까? (알코올이나 약물사용이 이러한 문제를 야기 시킵니까? (다시 말하면, 여러분이 알코올이나 약물을 전혀 사용하지 않아도 여러분에게 이런 문제가 있을까요?) 알코올이나 약물을 사용하지 않는 것보다 사용함으로써 문제가 더 악화되었나요? 여러분은 이 문제로 인해 야기된 스트레스나 고통을 다루기 위해 알코올이나 약물을 사용했나요?	만약 여러분이 알코올이나 약물사용을 중단하지 않는다면, 이러한 문제를 해결하는 여러분의 능력에 있어서 어떤 일이 일어날까요? (알코올이나 약물사용을 지속할 때의 이점은 무엇인가요? 만약 여러분이 알코올이나 약물사용을 지속한다면 일어날 수 있는 최선의 일, 최악의 일, 그리고 가장 있을 법한 일은 무엇인가요? 여러분이 계속 알코올이나 약물을 사용한다면 여러분에게 일어날 수 있는 다른 문제들은 무엇인가요?
문제 1 :		최선 :
		최악 :
		가장 있을 법한 :
문제 2 :		최선 :
		최악 :
		가장 있을 법한 :
문제 3 :		최선 :

		최악 :
		가장 있을 법한 :
문제 4 :		최선 :
		최악 :
		가장 있을 법한 :
문제 5 :		최선 :
		최악 :
		가장 있을 법한 :

4. 단주/단약의 필요성 : 여러분은 알코올이나 약물사용을 멈추는 것을 최선의 관심사로 생각 합니까?

☐ 예 ☐ 아니오 ☐ 확실치 않음 여러분의 대답을 적어주십시오.

5. 단주/단약의 장애물 : 여러분이 알코올이나 다른 약물사용을 끊겠다고 결심 했음에도 불구하고 여러분의 삶에서 그것을 어렵게 만드는 것은 무엇입니까?

6. **단주/단약에 대한 서약 :** 여러분은 치료 기간 동안에 기꺼이 단주/단약에 대한 서약을 하고 알코올이나 다른 약물에 대한 불시의 검사 요구에 응할 겁니까?

□ 예 □ 아니오 □ 확실치 않음 여러분의 대답을 적어주십시오.

____

____

7. **단주/단약을 유지하는 데 있어서의 장애물 :** 여러분이 단주/단약을 서약했음에도 불구하고, 가까운 미래에 여러분이 알코올이나 다른 약물을 사용하도록 유혹하거나 유도할 수 있는 고-위험 상황은 무엇입니까?

고-위험 상황 1. ______________________________

____

고-위험 상황 2. ______________________________

____

고-위험 상황 3. ______________________________

____

8. **치료에 대해 서약하기 :** 단주/단약에 대한 장애물을 극복하고 단주/단약을 유지하는 것을 돕는 치료 프로그램을 통해 여러분이 도움을 받을 수 있을 것으로 믿나요? 치료적 과정에 도움이 되는 프로그램을 추천한다면 거기에 기꺼이 참여할 것입니까?

□ 예 □ 아니오 □ 확실치 않음 여러분의 대답을 적어주십시오.

____

____

부록 4 : 재발 개입 계약서

1. 내담자 ________는 만약 알코올이나 다른 약물을 사용하기 시작했고, 다시 사용을 멈추기로 결심했다면, 다음의 사항들을 실행할 것에 동의합니다.

____

____

____

____

____

____

____

2. 치료자(치료 프로그램) _______는 만약 (위에 적힌 이름의) 내담자가 알코올이나 다른 약물을 사용하기 시작했고, 도움을 요청했고, 1번에서 그가 실행하기로 동의한 모든 것들을 한다면, 다음의 것들을 하는데 동의합니다.

____

____

____

____

____

____

____

3. 중요한 주변인 _________는 만약 (위에 적힌 이름의) 내담자가 알코올이나 다른 약물을 사용하기 시작했고, 도움을 요청했고, 1번에서 그가 실행하기로 동의한 모든 것들을 한다면 다음의 것들을 하는데 동의합니다.

저자소개

▲ 황 인 복

- 정신과 전문의
- 신세계 신경정신과의원 원장 역임
- 현 다사랑 광주병원장
- 현 다사랑 중앙병원 이사
- 현 한국 중독 정신의학회 정회원
- 현 광주광역시 의사회 공보이사

▲ 강 상 범

- 용인정신병원 정신과 전문의 과정 수료
- 김천 신애병원 정신과장 역임
- 대전 한마음 정신병원 정신과장 역임
- 한국 중독 정신의학회 정회원
- 한국 정신분석학회 정회원
- 현 다사랑병원 연구원장

▲ 김 승 곤

- 조선대학교 병원 정신과 전문의 과정 수료
- 조선대학교 석사 학위 취득
- 조선대학교 박사 학위 과정
- 한국 중독 정신의학회 정회원
- 현 다사랑병원 진료원장

▲ 채 숙 희

- 심리학 박사
- 임상심리전문가
- 정신보건임상심리사1급
- 현 다사랑중앙병원 임상심리과장
- 현 조선대학교 의과대학 외래교수
- 현 한국임상심리학회 학술위원

재발 방지 상담 워크북

초판인쇄일	2006년 4월 20일
초판발행일	2006년 5월 1일
저 자	Terence T. Gorski · Arthur B. Trundy
역 자	다사랑 병원
펴 낸 이	오 무 근
펴 낸 곳	도서출판 하나의학사
출판등록	1988년 4월 1일 제 2-541호
주 소	서울시 종로구 홍파동 13-4
전 화	02) 730-2555, 2556
팩 스	02) 730-2557

정가 10,000원

저자와 합의로 인지 생략

ISBN 89-92141-02-5-93510

※ 잘못된 책은 구입처에서 교환해 드립니다.